SÉRIE DE MODÈLES

ÉTABLIE POUR

L'ENSEIGNEMENT MANUEL

à l'École primaire

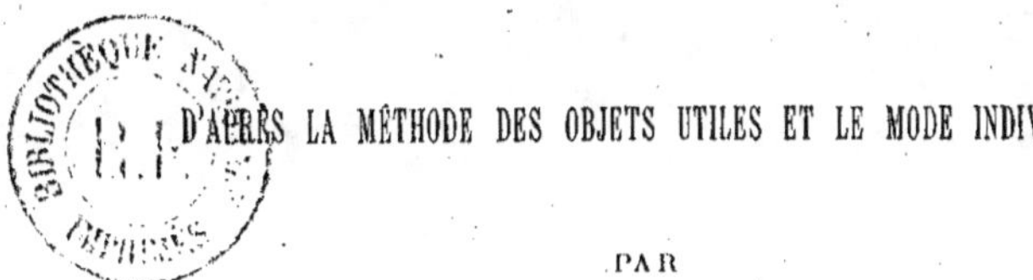

D'APRÈS LA MÉTHODE DES OBJETS UTILES ET LE MODE INDIVIDUEL

PAR

E. SCHMITT

Membre d'une Commission chargée par M. le Ministre de l'Instruction publique
d'étudier le travail manuel scolaire dans les pays scandinaves,
particulièrement à Nääs (Suède) et en Allemagne,
Ancien Directeur d'École publique à Paris, Officier d'académie.

Prix : 2 francs.

PARIS

E. CAPIOMONT ET Cⁱᵉ

57, RUE DE SEINE, 57

1901

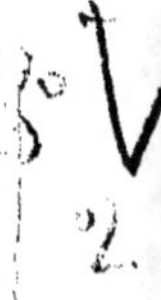

SÉRIE DE MODÈLES

ÉTABLIE POUR

L'ENSEIGNEMENT MANUEL

à l'École primaire

D'APRÈS LA MÉTHODE DES OBJETS UTILES ET LE MODE INDIVIDUEL

PAR

E. SCHMITT

Membre d'une Commission chargée par M. le Ministre de l'Instruction publique
d'étudier le travail manuel scolaire dans les pays scandinaves,
particulièrement à Nääs (Suède) et en Allemagne,
Ancien Directeur d'École publique à Paris, Officier d'académie.

PARIS

E. CAPIOMONT ET Cⁱᵉ

57, RUE DE SEINE, 57

1901

AVANT-PROPOS

La série de modèles, représentée dans les pages suivantes, a été organisée par l'auteur de ces lignes pour l'École municipale de Paris qu'il a dirigée pendant dix-sept ans.

Adversaire déterminé du système des exercices et du mode simultané pour l'enseignement du travail manuel à l'école primaire, et partisan irréductible de la méthode des objets utiles et du mode individuel pour le même degré d'enseignement, il a choisi pour type la collection des modèles de slöjd établie à l'École normale de Nääs (Suède), sous la direction de M. Salomon, par M. Alfred Johansson, professeur technique de l'Institution, depuis les premières années de sa fondation et inspecteur de slöjd de la province d'Elfsborg.

Cette méthode a été étudiée théoriquement et pratiquement, à Nääs même, depuis l'année 1875, par 3430 instituteurs et institutrices accourus de 32 contrées de l'ancien et du nouveau continent; 1045 d'entre eux ont doublé leur période d'études de six semaines. Tous ont proclamé sa vertu éducative et recommandé son emploi dans leur pays d'origine, en conseillant, toutefois, de modifier certains modèles, pour ne pas s'écarter des usages locaux.

La méthode de Nääs est, en effet, éminemment souple et produit des résultats d'éducation avec des modèles différents, pourvu que les recommandations suivantes soient observées : 1º que la série d'objets forme une collection numérotée, rigoureusement graduée, allant du simple au composé, du facile au plus difficile; 2º que les modèles constituent des objets utiles et non des objets de luxe; 3º que l'enseignement soit donné d'après le mode individuel et non pas d'après le mode simultané; 4º que les objets construits par les élèves leur appartiennent; 5º que les travaux soient exécutés avec soin et exactitude et dans des attitudes qui n'empêchent pas un bon développement physique.

L'engouement pour le système des exercices, combiné avec le mode simultané, a fait méconnaître longtemps les qualités pédagogiques de la méthode créée au milieu de la sympathique population suédoise. Une appréciation plus calme, plus raisonnée et plus équitable semble avoir fait place à des préventions injustifiées.

Outre des récompenses honorifiques de tout premier ordre obtenues à l'Exposition universelle de 1900, la méthode suédoise compte à son actif bon nombre de rapports élogieux.

M. Bounarie, inspecteur d'académie, directeur de l'Enseignement primaire du département du Nord, nous donne son appréciation dans un article sur *l'Enseignement primaire à l'Exposition universelle de* 1900. Au sujet du travail manuel scolaire organisé en France, il s'exprime dans les termes suivants : « Encore insuffisamment organisé dans l'ensemble des écoles élémentaires supérieures et autres, il (*le travail manuel scolaire*) est compris de telle sorte qu'il comporte la comparaison, pour les principes et leur satisfaisante, avec le slöjd lui-même. »

Dans le même article, au sujet de l'exposition remarquable des écoles suédoises, on lit : « Le but du slöjd n'est pas de faire de bons ouvriers, mais de former le corps et le *caractère* en enseignant l'ordre, l'attention dans l'effort mesuré et soutenu, la continuité dans le travail. On demande à l'enfant du travail bien fait qui donne ce sentiment esthétique et moral à la fois de l'ouvrage achevé. Parfait, cela veut dire achevé; la langue humaine n'a guère trouvé d'autre mot pour exprimer même la notion du divin. . . .

« L'élève emporte le travail de l'école à la maison : il le donne souvent, il donne de sa peine, quatre, quinze, trente heures de travail en même temps qu'un objet utile ou agréable, scrupuleusement bien fait[1]. »

Ces lignes prouvent que l'on commence à reconnaître

1. *Annuaire de l'Enseignement primaire* publié sous la direction de M. Jost, année 1901, p. 411 et p. 361.

à la méthode suédoise une certaine valeur, une réelle supériorité même. Celle-ci est montée en estime, dans le monde pédagogique, depuis le moment où il était facile de traiter les partisans de cet enseignement de fabricants de cuillers, d'écopes et de sébiles. On comprend mieux aujourd'hui que la nature des modèles usuels importe moins que la manière de les classer et de les exécuter ; on juge qu'il est essentiel de laisser à l'enfant le plus d'initiative, le plus de liberté de pensée et d'action possibles, pour permettre à la volonté de se fortifier et au caractère de se former.

* * *

Voici à la suite de quelles circonstances la série de modèles suivante a été établie :

Dès le début de l'année 1889, en présence d'essais malheureux, le personnel enseignant des écoles primaires de Paris s'est préoccupé de la question du travail manuel scolaire.

A la séance du 17 mars 1889 des *Réunions pédagogiques des Directeurs des Écoles communales de Paris*, Société dont font partie presque tous les chefs d'école, un rapport du soussigné fut longuement discuté par ses collègues avec cet esprit d'urbanité, ce sentiment du devoir et cet amour du progrès qui ont toujours caractérisé ces assises de la pédagogie théorique et expérimentale.

Les conclusions suivantes du rapport furent adoptées :

1° Après les exercices préparatoires, les élèves de l'école primaire confectionneront des objets usuels dont ils pourront disposer. Le travail purement technique sera réservé aux écoles professionnelles.

2° Le dessin et la technologie seront associés au travail manuel. Avant de confectionner un objet, l'élève fera le dessin géométral et perspectif du modèle. Les élèves seront exercés à des travaux d'après des croquis cotés.

3° Le travail manuel aura sa place dans l'emploi du temps de manière à reposer l'élève des leçons purement intellectuelles.

4° Les manipulations offriront le plus de variété possible. Une importance moins grande sera accordée aux travaux du tour[1].

5° Le travail de l'atelier sera réservé aux élèves des cours supérieur et moyen. Pour le cours élémentaire, on n'emploiera dans chaque classe qu'une seule espèce de matériaux.

6° Le travail manuel sera enseigné par l'instituteur. Les maîtres déjà au courant des manipulations seront chargés des travaux de l'atelier. Les maîtres-ouvriers, maintenus provisoirement, seront placés sous la dépendance complète du directeur de l'école.

7° Les cours temporaires pour les instituteurs auront lieu en dehors des heures de classe.

8° Une collection assez étendue de modèles, approuvée par une commission compétente, sera mise à la disposition de l'instituteur.

9° Les matières premières seront demandées de la même manière que les fournitures scolaires ordinaires. La somme attribuée à chaque élève sera déterminée par une commission compétente.

Mais on avait compté sans les influences, qui, en dehors du personnel primaire, devaient imprimer un caractère moins pédagogique à cet enseignement.

Une commission spéciale, qui a siégé à l'Hôtel de ville de 1888 à 1891 et dont faisaient partie, outre trois directeurs d'écoles primaires, le sous-directeur de l'enseignement de la Seine, un inspecteur général de l'enseignement manuel, des inspecteurs primaires, un conseiller municipal, etc., étudiait le moyen d'établir un programme applicable, non seulement aux écoles primaires de la capitale, mais à toutes les écoles similaires de l'État.

L'auteur de ces lignes s'était efforcé, au sein de cette commission, de faire connaître la valeur éducative de la méthode des objets usuels, combinée avec le mode individuel.

---

1. Le tour a été supprimé l'année suivante.

A la suite de ces échanges de vue, des réformes importantes ont été réalisées; mais le fond même de l'enseignement est resté le même avec un système composé presque exclusivement d'exercices exécutés simultanément par les élèves de la même classe.

Le système des exercices et la simultanéité du travail avaient pris naissance en 1873 à l'école municipale, rue Tournefort. Ce système, créé par l'inspecteur général du travail manuel et secondé par des ressources municipales considérables, s'était répandu dans un grand nombre d'autres écoles de la Capitale. Des maîtres avaient été formés spécialement en vue de la généralisation de l'enseignement des exercices; une organisation forte et compacte, en un mot, avait pris corps dans l'administration même.

Des hésitations ne tardèrent pourtant pas à se manifester en présence des critiques formulées. Des tâtonnements suivis en dehors de tout plan pédagogique n'étaient pas de nature à les faire disparaître.

Le 30 janvier 1891, l'administration avisa l'auteur de ces lignes que la plus grande latitude lui serait laissée pour l'organisation de l'enseignement manuel dans l'école qu'il dirigeait. « Cela, ajouta la pièce officielle, permettra d'établir une comparaison utile entre sa méthode et celle qui était appliquée ailleurs. »

Il se mit à l'œuvre, organisa une série de modèles, se servit des fournitures et des outils communs aux 120 autres écoles municipales pourvues d'atelier, et rencontra le plus grand bon vouloir chez le professeur de travail manuel ainsi qu'auprès de ses autres collaborateurs. Ceux-ci ne tardèrent pas à constater avec quelle satisfaction les élèves se rendaient à l'atelier et quel profit ils retiraient du travail ainsi organisé.

Mais, phénomène singulier, à partir de ce moment, l'atelier n'eut plus l'honneur de la visite des représentants de l'administration pour l'enseignement manuel. Ceux-ci se désintéressèrent d'une manière complète de l'expérience commencée, et cette éclipse incompréhensible dura jusqu'au 1er octobre 1899, époque à laquelle l'organisateur de l'atelier selon la méthode des objets usuels obtenait un repos largement gagné.

Cette invitation à appliquer une méthode pour servir de terme de comparaison, et l'abstention de ceux qui auraient dû faire cette comparaison, ne laissent-elles pas supposer une combinaison quelque peu machiavélique?

Si l'administration n'a pas daigné s'enquérir des résultats matériels et moraux de l'emploi de la nouvelle méthode, l'expérience n'aura pourtant pas eu lieu sans un certain profit. D'abord elle a rendu plus profondes les convictions de l'auteur de ces lignes au sujet des qualités éducatives de cette méthode; d'un autre côté, son fonctionnement, pendant huit ans, a attiré l'attention de personnes désintéressées, amies de la vraie pédagogie, partisans du progrès quel qu'il soit et d'où qu'il vienne. Celles-ci, appréciant les résultats obtenus, ont sollicité de l'auteur l'exposé de sa série de modèles, comme sanction et comme démonstration pratique de son *Étude sur les Méthodes et les Modes d'Enseignement manuel à l'École primaire.* Il a accédé à leur désir pour leur être agréable et avec l'espoir que les idées émises pourront rendre quelques services dans le domaine pédagogique. Son but, d'autre part, est de réagir, dans la mesure de ses faibles moyens, contre les abus d'une centralisation outrée. L'auteur de la plus puissante enquête sur la France contemporaine, M. Taine, prétend que nos grandes administrations, formées d'éléments divers, éléments liés, agglomérés, cimentés par des intérêts communs, sont trop souvent semblables à des blocs d'airain contre lesquels viennent se briser, s'émietter les meilleures volontés et les initiatives les plus dévouées. Il importe que les individus doués d'énergie fassent tous leurs efforts pour faciliter le progrès, malgré toutes les résistances intéressées, malgré l'inertie administrative proverbiale.

REMARQUES

Organisation de l'atelier.

Les élèves choisissaient eux-mêmes les pièces de bois
et en détachaient la quantité dont ils avaient besoin pour
la copie de leur modèle.

Il n'est pas absolument nécessaire, dans ce but, de disposer de planches façonnées industriellement comme celles
qui sont en usage dans les écoles de la Capitale. La méthode des objets utiles a été employée dans des ateliers
scolaires qui n'avaient à leur disposition que des matériaux préparés d'une manière rudimentaire. Il fallait plus
de temps pour l'exécution d'un modèle; mais l'essentiel
consiste à faire un travail favorisant l'éducation générale
et non à produire un grand nombre d'objets[1].

*
* *

Chaque leçon à l'atelier était partagée en deux parties
égales séparées par un cours théorique de quinze ou
vingt minutes, selon la durée totale de la leçon.

La leçon théorique était confiée aux soins du professeur de travail manuel qui procédait à des démonstra-
tions au tableau noir. Elle avait pour objet des notions
de technologie (matériaux et outils) alternativement avec
l'étude des tracés et des calculs géométriques. De courtes

---

1. La méthode des objets usuels entraîne moins de dépenses que l'emploi
du système des exercices.

interrogations étaient adressées aux élèves après l'exposé
de la leçon.

Des conseils isolés étaient donnés, pendant la durée
du travail même, par le professeur qui passait d'un élève
à l'autre.

*
* *

Pour la solution de problèmes concernant le cubage
d'objets de forme irrégulière, comme un coupe-papier,
par exemple, on se servait des *poids* et *mesures* d'une
boîte de système métrique placée à l'atelier, et de *déci-
mètres cubes* des différentes essences de bois employées,
portant, en chiffres apparents, leur poids trouvé et cons-
taté par les élèves.

Ceux-ci connaissant le poids de l'objet irrégulier et
le poids du décimètre cube du même bois, il leur était
facile de trouver la solution à l'aide d'une simple règle
de trois. Ces opérations constituaient d'ailleurs une excel-
lente leçon pratique pour donner aux enfants des idées
claires et précises sur la densité des corps solides.

Pour trouver la capacité d'un creux dont la forme
s'écarte de la régularité géométrique comme celui d'un
vide-poches, d'une sébile, etc., le procédé suivant était
employé : après avoir rempli l'excavation de sable fin
jusqu'à la hauteur des bords, on rendait la surface plane
à l'aide d'une réglette, puis le sable était mesuré au
moyen des petites mesures de capacité renfermées dans
la boîte de système métrique. Ces opérations, faites par
les élèves eux-mêmes, les intéressaient toujours tout en
rendant plus nettes les notions de géométrie et de système métrique qu'ils possédaient déjà.

*
* *

Les modèles exécutés pendant l'année étaient remis
avant les vacances, et avec un certain apparat, aux élèves
de chaque classe.

La satisfaction de ceux qui pouvaient emporter dans leur famille un lot assez considérable d'objets confectionnés par eux était visible. Quant à ceux qui n'avaient en partage qu'un nombre restreint d'objets, il était facile d'apercevoir leur désappointement. L'effet moral produit chez les uns et chez les autres n'était pas sans exercer une influence favorable pour l'année suivante.

Les élèves qui quittaient l'école pendant l'année scolaire ne manquaient jamais de demander au Directeur l'autorisation d'emporter les objets construits par eux depuis le commencement de l'année, et satisfaction leur a été donnée chaque fois, sans exception.

E. S.

REMARQUES

Une série progressive de modèles pour le modelage et le cartonnage des cours supérieur et moyen était exécutée d'après le mode individuel.

Le pliage et le tissage au cours élémentaire étaient enseignés d'après les mêmes principes.

Modelage	50 modèles.
Cartonnages	30 —
Tissage	20 —
Pliage	20 —

Les quatre premiers numéros de la série de l'École de Nääs sont produits à l'aide du couteau et de la lime fine.

Nᵐˢ 1 et 2. — Touches pour épellation.
Nᵒ 3. — Dent de râteau.
Nᵒ 4. — Porte-paquet.

AVIS IMPORTANT

Lorsqu'on réduit une surface jusqu'au tracé d'un crayon ou d'une ligne sèche avec un instrument quelconque, il faut toujours avoir soin de laisser subsister la ligne qui indique le tracé.

N° 1

Dessous de carafe damier.

Longueur 10 cent. — Largeur 10 cent. — Épaisseur 1 cent.

OBJET COMPLET

Bois employé[1].

*Feuillet de sapin de 12*mm.
     Prendre longueur de 110mm ; largeur de 110mm.

Travail.

1. Dégauchir une face.
2. Dresser une rive d'équerre.
3. Trusquiner l'épaisseur et réduire.
4. Dresser une autre rive perpendiculaire à la première rive dressée.
5. Trusquiner la longueur et la largeur et réduire d'équerre.
6. Porter des divisions de centimètre en centimètre à deux arêtes perpendiculaires.
7. Tracer les traits correspondants à l'aide de l'équerre.
8. Former le damier à l'aide de hachures.
9. Polir.

ÉLÉMENTS AVEC MESURES

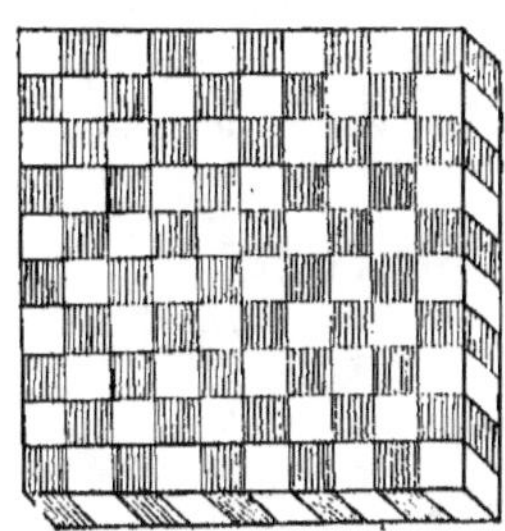

Opérations.

La *surface d'un carré* s'obtient en multipliant un côté par lui-même.

Le *volume d'un parallélipipède* s'obtient en multipliant la surface par la hauteur.

Surface du damier :

Volume du damier :

1. Le bois indiqué est celui dont on s'est servi pour l'exécution des modèles ; mais on peut employer d'autres essences de bois sans inconvénient.

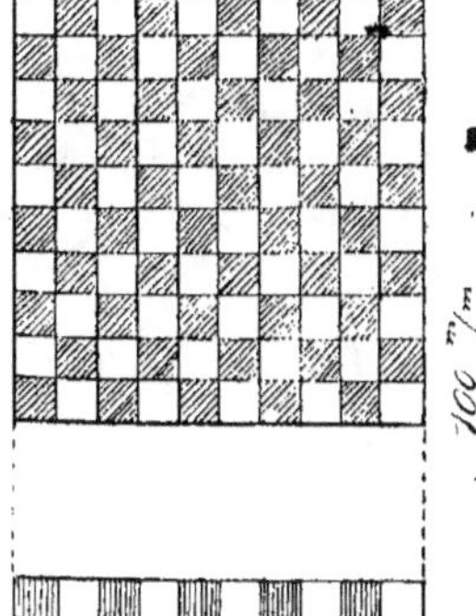

10 m/m
1/3 de grandeur d'exécution.

N° 1 commencé le........................... ; achevé le........................

Temps employé pour l'exécution du n° 1 : ....

Note de 1 à 10 méritée pour l'exécution du n° 1 : ....

SIGNATURE

N" 2

Dessous de carafe octogonal.

Longueur 10 cent. — Largeur 10 cent.
Épaisseur 1 cent.

OBJET COMPLET

Bois employé.

Feuillet de sapin de 12^{mm}.

Prendre longueur de 110^{mm}; largeur de 110^{mm}.

ÉLÉMENTS AVEC MESURES

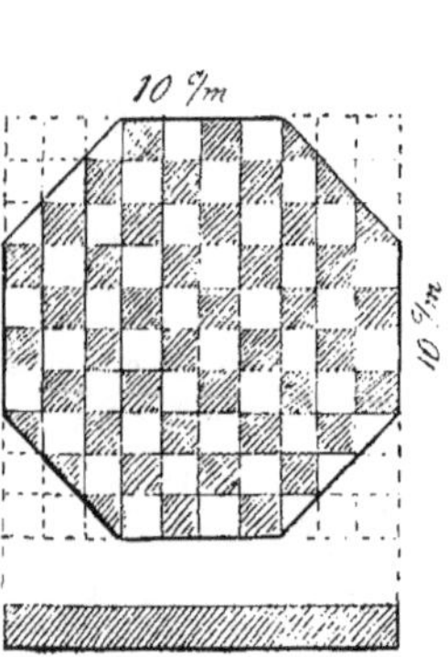

1/3 de grandeur d'exécution.

Travail.

1. Construire le n" 1.

2. Marquer à côté de chaque angle une longueur de 3 centimètres et joindre ces deux points par un trait formant un triangle rectangle.

3. Détacher les quatre triangles rectangles.

4. Polir.

Opérations.

Deux triangles rectangles dont les côtés adjacents à l'angle droit sont égaux forment un carré.

Surface de la partie retranchée :
Volume de la partie retranchée :

N" 2 commencé le ...... ; achevé le ....

Temps employé pour l'exécution du n" 2 :

Note de 1 à 10 méritée pour l'exécution du n° 2 :

SIGNATURE

Nom et Prénom ....

École ....

Cours .... : ...." Division

Dessous de carafe circulaire.

Rayon : 5 centimètres.

Bois employé.

Feuillet de sapin de 12ᵐᵐ.

Prendre longueur de 110ᵐᵐ ; largeur de 110ᵐᵐ.

Travail.

1. Faire les nᵒˢ 1 et 2 sans tracer le damier.
2. Mener les deux diagonales.
3. Du point d'intersection avec un rayon de 5 centimètres tracer une circonférence.
4. Chantourner.
5. Polir.

Opérations.

La surface du cercle s'obtient en multipliant la circonférence par la moitié du rayon.

Le volume d'un cylindre s'obtient en multipliant la base par la hauteur.

Surface du cercle nᵒ 3 :

Volume du cercle nᵒ 3 :

Nᵒ 3 commencé le .... ; achevé le ....

Temps employé pour la construction du nᵒ 3 :

Note de 1 à 10 méritée pour l'exécution du nᵒ 3 : ....

SIGNATURE

OBJET COMPLET

ELÉMENTS AVEC MESURES

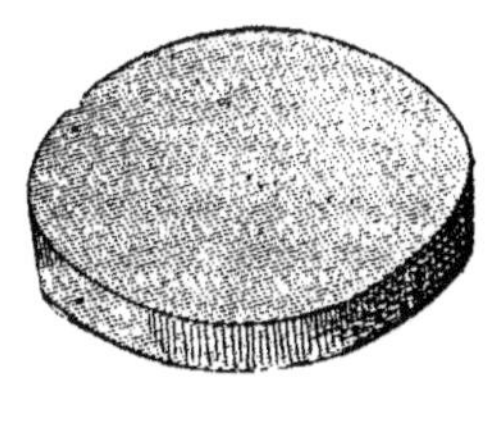

1/3 de grandeur d'exécution.

Dessous de carafe hexagonal.

Nom et Prénom ....
École ....
Cours .... : ...ᵉ Division

OBJET COMPLET

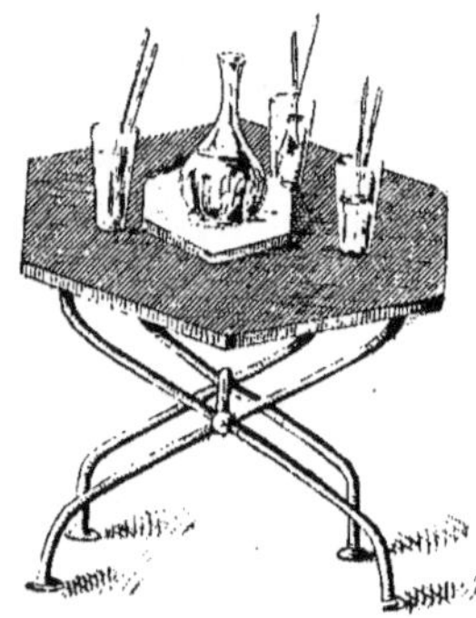

ÉLÉMENTS AVEC MESURES

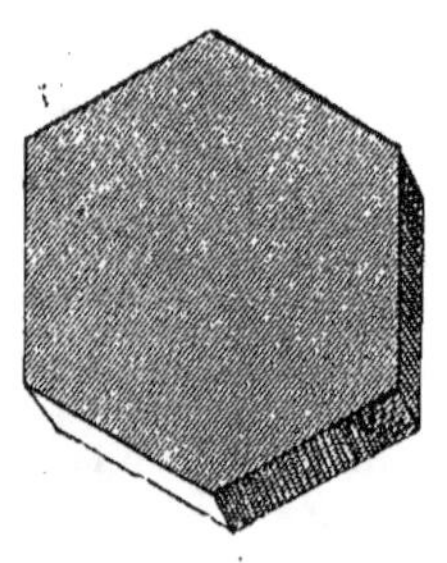

1 ᶜᵐ

1/3 de grandeur d'exécution.

Hexagone inscrit dans une circonférence de 5 cent. de rayon.

Bois employé.

Feuillet de sapin de 12ᵐᵐ.

Prendre longueur de 110ᵐᵐ; largeur de 110ᵐᵐ.

Travail.

1. Construire les nᵒˢ 1 et 2 sans damier.
2. Mener les deux diagonales.
3. Du point d'intersection, tracer une circonférence de 5 centimètres de rayon.
4. Porter sur la circonférence 6 fois le rayon.
5. Joindre, deux par deux, par un trait, les 6 points de divisions, ce qui forme l'hexagone.
6. Dégager l'hexagone.
7. Polir.

Opérations.

On trouve la surface de l'hexagone en multipliant le périmètre par la moitié de l'apothème.

Surface de l'hexagone :

Volume de l'hexagone :

Nᵒ 4 commencé le .... : achevé le ....

Temps employé pour la construction du nᵒ 4 :

Note de 1 à 10 méritée pour la construction du nᵒ 4 :

SIGNATURE

Nom et Prénom ....

École ....

Cours ....; " Division

OBJET COMPLET

ÉLÉMENTS AVEC MESURES

10 m/m

350 m/m

1/5° de grandeur d'exécution.
(Modèle de l'École de Nääs).

N° 5

Tuteur pour fleurs.

(SECTION CARRÉE).

Longueur totale 360mm. — Largeur et épaisseur 10mm. —
Partie pyramidale 60mm.

Bois employé.

Feuillet de sapin de 12mm.

Prendre longueur de 380mm; largeur de 12mm.

Travail.

1. Obtenir un parallélipipède de 1cm2 de base.
2. Couper une extrémité d'équerre et l'unir.
3. Marquer la longueur de la partie pyramidale.
4. Exécuter la pyramide.
5. Tracer la longueur prismatique et couper d'équerre.
6. Polir.

Opérations.

On obtient le volume de la pyramide en multipliant
la base par le 1/3 de la hauteur.

Volume de la partie prismatique :

— de la partie pyramidale :

— total :

....

N° 5 commencé le ....; achevé le ....

Temps employé pour l'exécution du n° 5 : ....

Note de 1 à 10 méritée pour l'exécution du n° 5 : ....

SIGNATURE

2

Nom et Prénom ....

École ....

Cours .... : ° Division

OBJET COMPLET

ÉLÉMENTS AVEC MESURES

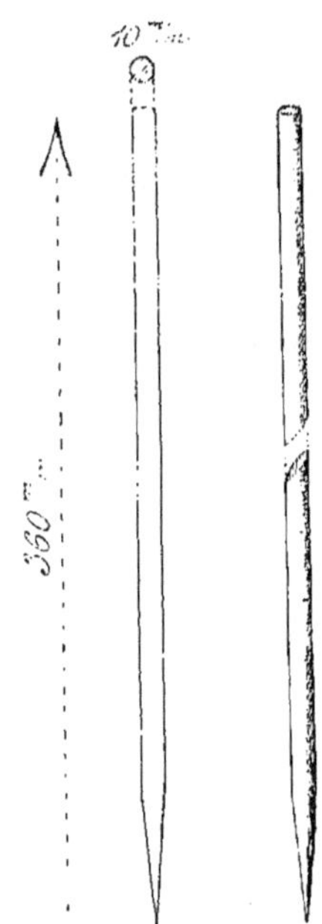

1/5° de grandeur d'exécution.
(Modèle de l'École de Nääs).

Tuteur pour fleurs.

(SECTION RONDE).

Longueur 360ᵐᵐ. — Diamètre 10ᵐᵐ. — Longueur partie conique 60ᵐᵐ.

Bois employé.

Feuillet de sapin de 12ᵐᵐ.

Prendre longueur de 380ᵐᵐ; largeur de 12 ᵐᵐ.

Travail.

1. Obtenir un parallélipipède de 1ᶜᵐ2 de base.
2. Couper d'équerre une extrémité et l'unir.
3. Marquer le centre du cercle à l'aide de diagonales.
4. Indiquer la longueur de la partie conique et exécuter d'équerre.
5. Trouver le point indiquant la pointe de la partie conique.
6. Abattre les arêtes.
7. Marquer la longueur de la partie cylindrique et couper d'équerre ; polir.

Opérations.

On obtient le volume d'un cône en multipliant la base par le 1/3 de la hauteur.

Volume de la partie cylindrique :

——   de la partie conique :

– –   total :

....

N° 6 commencé le .... ; achevé le ....

Temps employé pour l'exécution du n° 6 : .

Note de 1 à 10 méritée pour l'exécution du n° 6 :

OBJET COMPLET

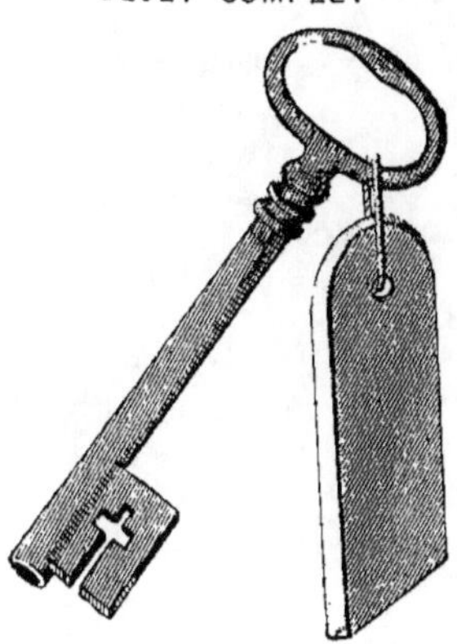

ÉLÉMENTS AVEC MESURES

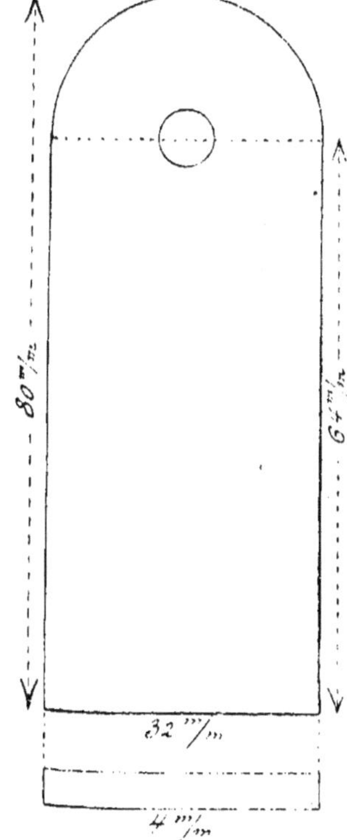

1/5ᵉ de *Grandeur d'exécution.*
(Modèle de l'École de Nääs).

N° 7

Étiquette pour clef.

Longueur 100ᵐᵐ. — Largeur 40ᵐᵐ. — Épaisseur 5ᵐᵐ.

Bois employé.

Feuillet de hêtre de 6ᵐᵐ.

Prendre longueur de 130ᵐᵐ; largeur de 50ᵐᵐ.

Travail.

1. Dégauchir une face.
2. Dresser une rive d'équerre.
3. Trusquiner l'épaisseur.
4. Dégauchir la deuxième face.
5. Trusquiner la largeur.
6. Dresser la deuxième rive et une extrémité.
7. Dessiner et chantourner.
8. Percer l'ouverture.
9. Polir.

Opérations.

Volume de la partie demi-cylindrique :
Rayon :
Circonférence totale :
1/2 de la circonférence :
Surface du 1/2 cercle :
Volume du 1/2 cylindre :

N° 7 commencé le .... ; achevé le ....

Temps employé pour l'exécution du n° 7 : ....

Note de 1 à 10 méritée pour l'exécution du n° 7 : ....

Spatule.

Longueur 190^{mm}. — Largeur 35^{mm}. — Épaisseur 5^{mm}.

OBJET COMPLET

ÉLÉMENTS AVEC MESURES

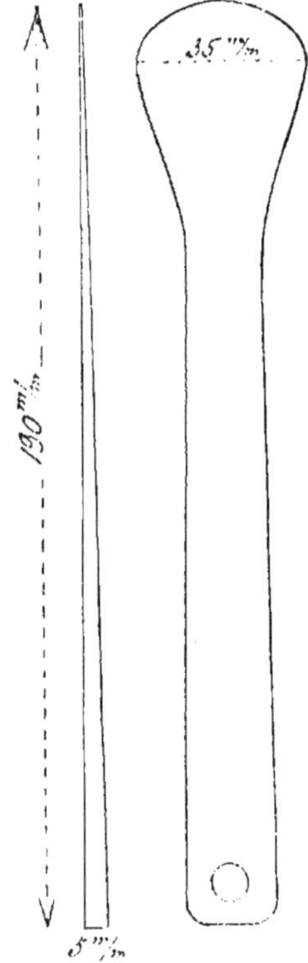

1/2 *grandeur d'exécution.*

Bois employé.

Feuillet de hêtre de 6^{mm}.

Prendre longueur de 210^{mm}; largeur de 50^{mm}.

Travail.

1. Dégauchir une face.
2. Dresser une rive d'équerre.
3. Trusquiner l'épaisseur.
4. Dégauchir la deuxième face.
5. Dessiner et chantourner.
6. Marquer le milieu de l'épaisseur à la partie arrondie et réduire des deux côtés.
7. Percer l'ouverture.
8. Polir.

Opérations.

Poids d'un décimètre cube de hêtre (densité) :

Poids de la spatule :

Volume de la spatule :

N° 8 commencé le ; achevé le

Temps employé pour l'exécution du n° 8 :

Note de 1 à 10 méritée pour l'exécution du n° 8 :

SIGNATURE

Nom et Prénom ....

École ....

Cours ...." Division

OBJET COMPLET

Bâton à lancer dans le cerceau.

Longueur 380ᵐᵐ. — Grand diamètre 21ᵐᵐ. — Petit diamètre 12 millimètres.

Bois employé.

Planche de hêtre de 27ᵐᵐ.

Prendre longueur de 380ᵐᵐ; largeur de 27ᵐᵐ.

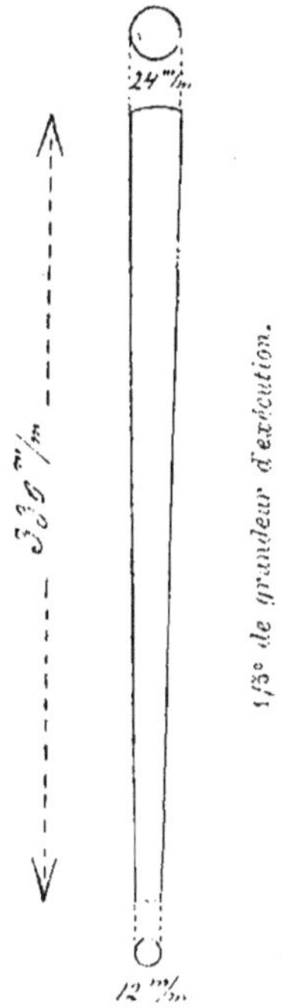

Travail.

1. Faire un parallélipipède à base carrée (24ᵐᵐ).
2. Le transformer en pyramide tronquée (petite base 12ᵐᵐ).
3. Inscrire un cercle aux deux bases.
4. Abattre les arêtes pour obtenir un cône tronqué.
5. Émousser les arêtes.
6. Polir.

Opérations.

Trouver le volume en employant la méthode de cubage du bois en grume (tronc d'arbre), c'est-à-dire base moyenne multipliée par longueur.

Base moyenne :

Volume du bâton à lancer :

ÉLÉMENTS AVEC MESURES

24 ᵐ⁄ₘ

380 ᵐ⁄ₘ

1/3° de grandeur d'exécution.

12 ᵐ⁄ₘ

N° 9 commencé le .... ; achevé le ....

Temps employé pour la confection du n° 9 : ......

Note de 1 à 10 méritée pour la confection du n° 9 :

SIGNATURE

Nº 10

Support pour porte-plume.

Longueur 90ᵐᵐ. — Hauteur 20ᵐᵐ. — Épaisseur 15ᵐᵐ.

OBJET COMPLET

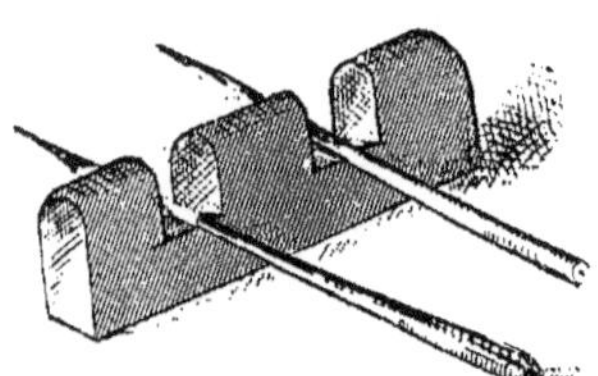

ÉLÉMENTS AVEC MESURES

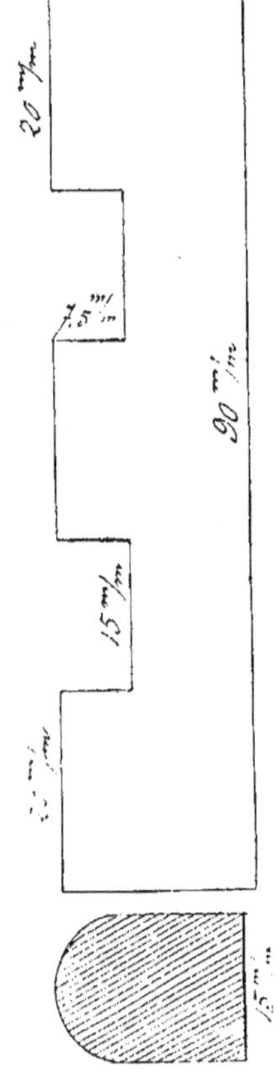

Grandeur d'exécution.
(Modèle de l'École de Nääs).

Bois employé.

Planche de hêtre de 27ᵐᵐ.

Prendre longueur de 110ᵐᵐ; largeur de 27ᵐᵐ.

Travail.

1. Faire un parallélipipède rectangulaire (base 20ᵐᵐ sur 15ᵐᵐ).
2. Marquer la longueur et couper d'équerre.
3. Dessiner les demi-cercles.
4. Arrondir.
5. Dessiner les entailles et exécuter.
6. Polir.

Opérations.

Trouver le volume d'une portion demi-cylindrique.

Rayon :

Circonférences totales :

1/2 de la circonférence :

Surface du 1/2 cercle :

Volume du 1/2 cylindre :

N° 11

Vide-poches.

Longueur 100^{mm}. — Largeur 100^{mm}. — Épaisseur 20^{mm}.
Rayon de la circonférence 40^{mm}.

OBJET COMPLET

Bois employé.

Planche de hêtre de 27^{mm}.

Prendre longueur de 180^{mm}; largeur de 110^{mm}.

Travail.

ÉLÉMENTS AVEC MESURES

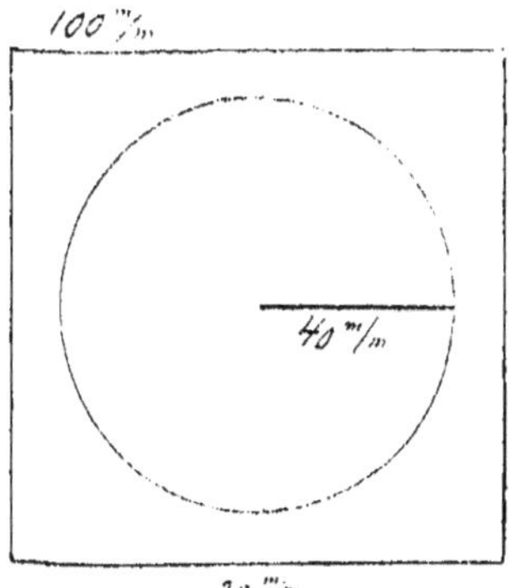

2/5ᵉ *de grandeur d'exécution.*

1. Dégauchir une face.
2. Dresser une rive d'équerre.
3. Trusquiner l'épaisseur.
4. Dégauchir la deuxième face.
5. Dessiner le carré et la circonférence.
6. Creuser la cavité à 12^{mm} de profondeur.
7. Détacher le bois en dehors du carré.
8. Polir.

Opérations.

Trouver la capacité de la partie concave à l'aide de poudre fine versée dans des mesures de la boîte de système métrique.

Capacité de la partie concave :

N° 11 commencé le .... ; achevé le......

Temps employé pour la confection du n° 11 :

Note de 1 à 10 méritée pour la confection du n° 11 :

SIGNATURE

Nom et Prénom

École

Cours : ..ᶜ Division

OBJET COMPLET

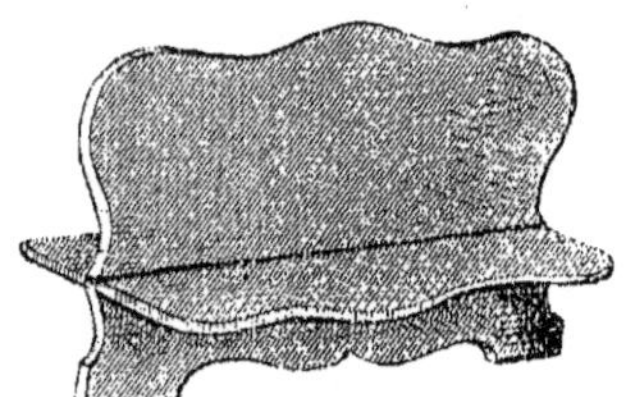

ÉLÉMENTS AVEC MESURES

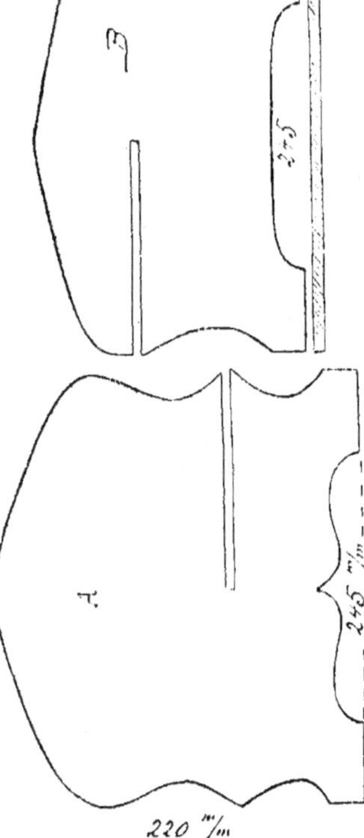

Grandeur d'exécution.

Liseuse.

A. Longueur 215ᵐᵐ. — Hauteur 220ᵐᵐ. — Épaisseur 5ᵐᵐ.
B.   —   245ᵐᵐ. —   —   160ᵐᵐ. —   —   5ᵐᵐ.

Entaille. — Longueur 122ᵐᵐ,5. — Largeur 5ᵐᵐ.

Bois employé.

Feuillet de hêtre de 6ᵐᵐ.

Prendre longueur de 280ᵐᵐ ; largeur totale (2 planchettes).

Travail.

1. Dégauchir une face.
2. Dresser une rive d'équerre.
3. Dégauchir la deuxième face.
4. Dessiner.
5. Chantourner.
6. Faire l'entaille.
7. Polir.

Opérations.

Trouver le volume des deux planchettes à l'aide du poids.

Poids d'un décimètre cube de hêtre :

Poids total des deux planchettes :

Volume des deux planchettes :

____

N° 12 commencé le .... : achevé le ....

Temps employé pour la construction du n° 12 : ....

Note de 1 à 10 méritée pour la construction du n° 12 : ....

SIGNATURE

N° 13

Dévidoir.

Longueur 90^{mm}. — Largeur 45^{mm}. — Épaisseur 5^{mm}.

OBJET COMPLET

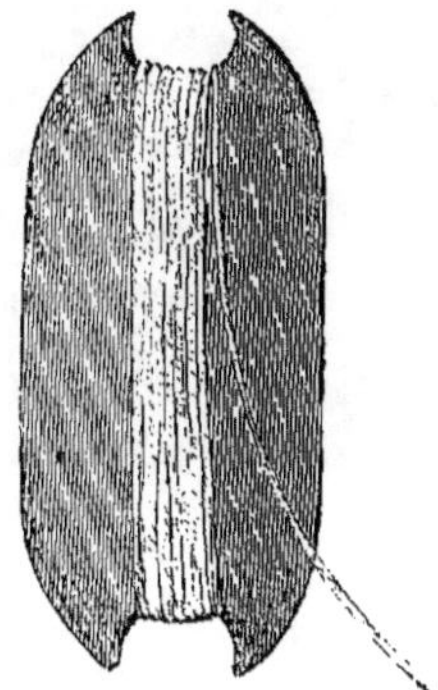

ÉLÉMENTS AVEC MESURES

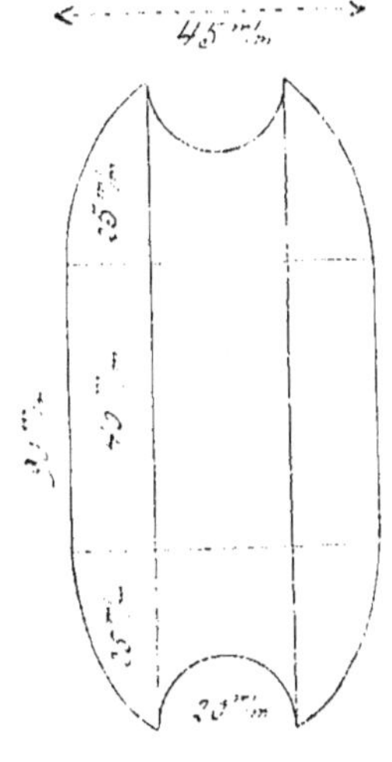

3/5ᵉ *de grandeur d'exécution.*

(Modèle de l'École de Nääs).

Bois employé.

Feuillet de hêtre de 6^{mm}.

Prendre longueur de 140^{mm} ; largeur de 60^{mm}.

Travail.

1. Dégauchir une face.
2. Dresser une rive d'équerre.
3. Trusquiner l'épaisseur.
4. Dégauchir la deuxième face.
5. Dessiner et chantourner.
6. Polir.

Opérations.

Trouver le volume d'une partie demi-cylindrique enlevée.

Rayon :

Demi-circonférence :

Surface du demi-cercle :

Volume de la partie demi-cylindrique enlevée :

N° 13 commencé le...................; achevé le......

Temps employé pour la confection du n° 13 : ......

Note de 1 à 10 méritée pour la confection du n° 13 : ......

SIGNATURE

Nom et Prénom

École

Cours ; Division

OBJET COMPLET

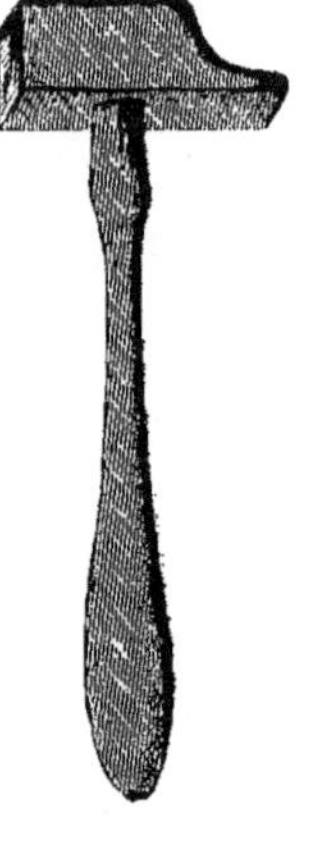

ÉLÉMENTS AVEC MESURES

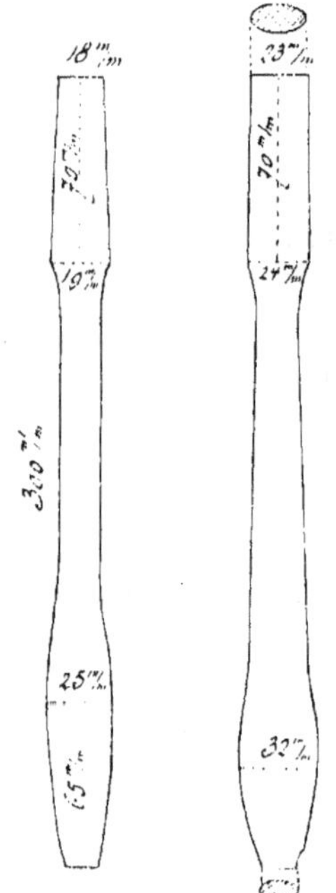

1/4 de grandeur d'exécution.
(Modèle de l'École de Nääs).

Manche de marteau.

Longueur 300mm. — Largeur 32mm. — Épaisseur 25mm.

Bois employé.

Planche de hêtre de 27mm.

Prendre longueur de 320mm; largeur de 36mm.

Travail.

1. Dégauchir une face.
2. Dresser une rive d'équerre.
3. Trusquiner l'épaisseur.
4. Dégauchir la deuxième face.
5. Dessiner.
6. Chantourner et achever avec râpe et lime.
7. Polir.

Opérations.

Trouver le volume du manche de marteau à l'aide du poids.

Poids d'un décimètre cube de hêtre :

Poids du manche de marteau :

Volume du manche de marteau :

N° 14 commencé le ; achevé le

Temps employé pour la confection du n° 14 :

Note de 1 à 10 méritée pour la confection du n° 14 :

SIGNATURE

OBJET COMPLET

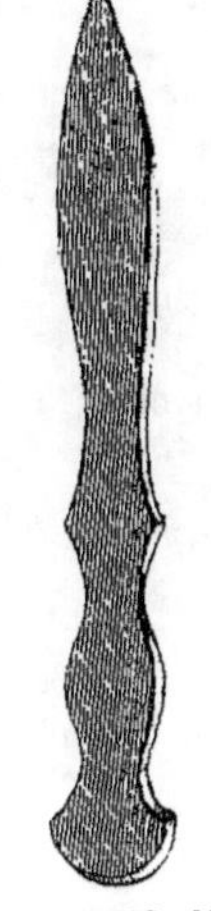

ÉLÉMENTS AVEC MESURES

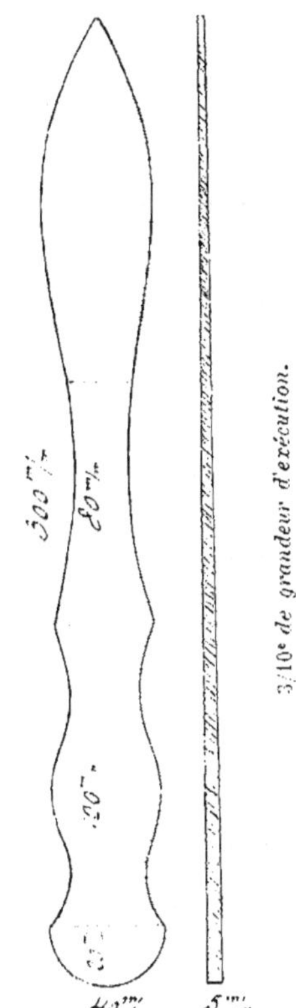

3/10e de grandeur d'exécution.

N° 15

Coupe-papier.

Longueur 300ᵐᵐ. — Largeur 40ᵐᵐ. — Épaisseur 5ᵐᵐ.

Bois employé.

Feuillet de hêtre de 6ᵐᵐ.

Prendre longueur de 330ᵐᵐ; largeur de 45ᵐᵐ.

Travail.

1. Dégauchir une face.
2. Dresser une rive d'équerre.
3. Trusquiner l'épaisseur.
4. Dessiner et chantourner.
5. Marquer la ligne du tranchant au milieu de l'épaisseur.
6. Réduire vers les bords en se rapprochant de la ligne du milieu.
7. Régulariser et polir.

Opérations.

Trouver le volume du coupe-papier à l'aide du poids.

Poids du décimètre cube de hêtre :

Poids du coupe-papier :

Volume du coupe-papier :

Nom et Prénom

École

Cours .... ; .... ° Division

OBJET COMPLET

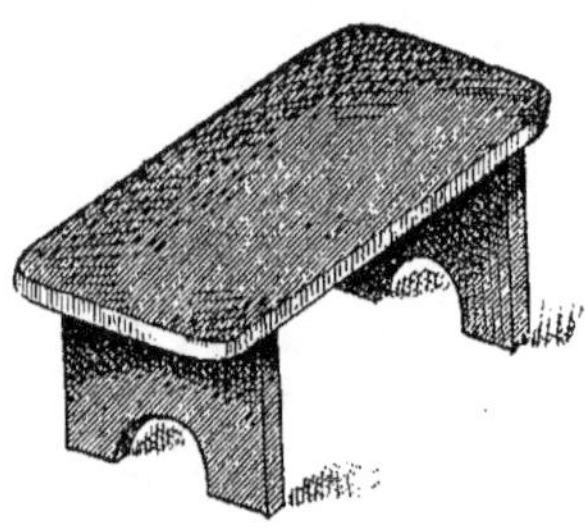

ÉLÉMENTS AVEC MESURES

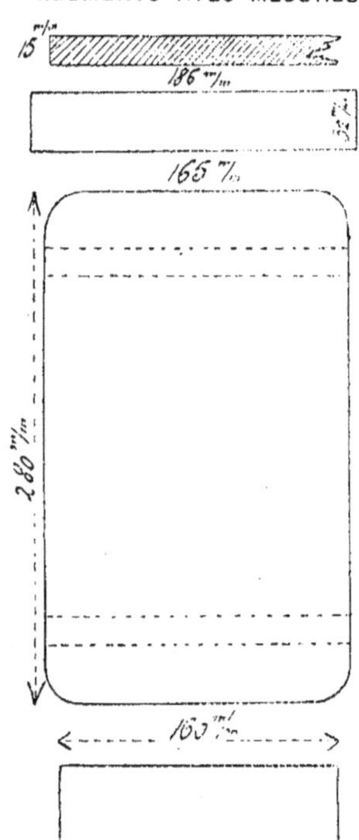

1/5° de grandeur d'exécution.

Petit banc cloué.

Dessus. — Longueur 280^{mm}. — Largeur 165^{mm}. — Épaisseur 15 millim.

Pieds. — Hauteur 110^{mm}. — Largeur 160^{mm}. — Épaisseur 15 millim.

Traverse. — Longueur 186^{mm}. — Largeur 32^{mm}. — Épaisseur 15 millim.

Quart de rond. — 20 millim. de rayon.

Bois employé.

Feuillet de peuplier de 18^{mm}.

Prendre longueur de 300^{mm} ; largeur de 170^{mm} (2 planchettes).

Travail.

1. Dégauchir une face.
2. Dresser une rive d'équerre.
3. Trusquiner l'épaisseur.
4. Dégauchir la deuxième face.
5. Dessiner et exécuter. (Le premier pied peut servir de gabarit pour le second.)
6. Clouer et faire usage du chasse-clous.
7. Polir.

Opérations.

Trouver la surface d'un quart de rond à l'angle du dessus.

Diamètre de la circonférence :
Circonférence :
Rayons :
1/4 de la circonférence :
Surface du quart de rond :

N° 16 commencé le .... ; achevé le ....

Temps employé pour la construction du n° 16 : ....

Note de 1 à 10 méritée pour la construction du n° 16 : ....

SIGNATURE

Nom et Prénom

École

Cours........................ : .." Division

OBJET COMPLET

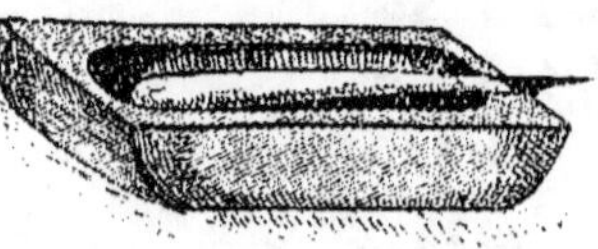

ÉLÉMENTS AVEC MESURES

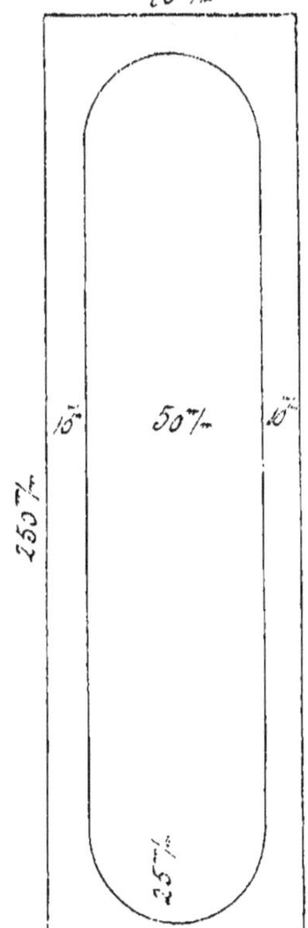

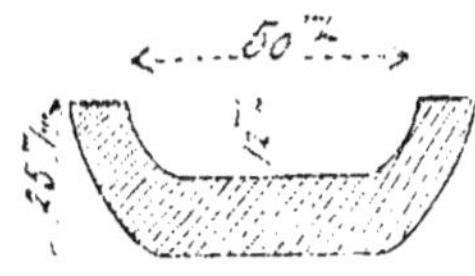

2/3⁰ de grandeur d'exécution.

Plateau pour porte-plume et crayon.

Longueur 250ᵐᵐ. — Largeur 70ᵐᵐ. — Épaisseur 25ᵐᵐ. — Profondeur 12 millim.

Bois employé.

Planche de hêtre de 27ᵐᵐ.

Prendre longueur de 300ᵐᵐ ; largeur de 80ᵐᵐ.

Travail.

1. Dégauchir une face.
2. Dresser une rive d'équerre.
3. Trusquiner l'épaisseur.
4. Dégauchir la deuxième face.
5. Dessiner le rectangle et la partie à creuser.
6. Former la cavité.
7. Dessiner la forme des côtés et l'exécuter.
8. Polir.

Opérations.

Trouver la capacité de la partie creusée au moyen de poudre fine.

Verser de la poudre fine dans la partie creusée et tracer le niveau.

Mesurer la poudre à l'aide des mesures de capacité.

Capacité de la partie concave :

N° 17 commencé le........................ ; achevé le ....

Temps employé pour la confection du n° 17 : ....

Note de 1 à 10 méritée pour la confection du n° 17 : ....

SIGNATURE

Nom et Prénom

École

Cours ... : " Division

Croisillon pour pot à fleurs.

Longueur 130ᵐᵐ. — Largeur 25ᵐᵐ. — Épaisseur 5ᵐᵐ. — Quart de rond, rayon de 5 millim.

OBJET COMPLET

ÉLÉMENTS AVEC MESURES

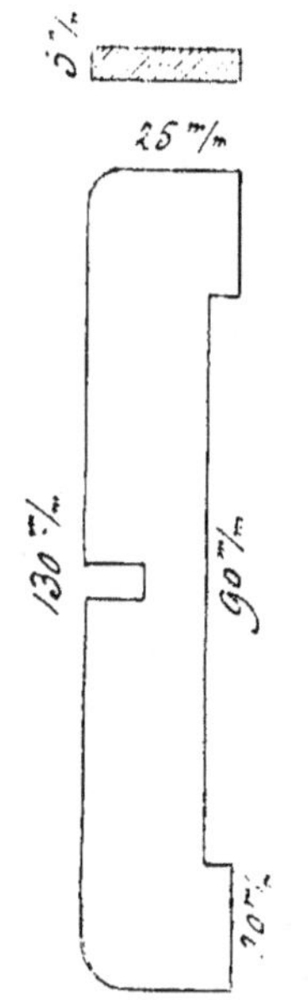

1/2 grandeur d'exécution.
(Modèle de l'École de Nääs).

Bois employé.

Feuillet de hêtre de 6ᵐᵐ.

Prendre longueur de 280ᵐᵐ ; largeur de 30ᵐᵐ.

Travail.

1. Dégauchir une face.
2. Dresser une rive d'équerre.
3. Trusquiner l'épaisseur.
4. Dégauchir la deuxième face.
5. Dessiner, réduire et chantourner.
6. Élégir la partie inférieure et faire l'entaille.
7. Polir.

Opérations.

Trouver la surface des quatre angles retranchés aux deux parties du modèle.

Diamètre de la circonférence :

Circonférence :

Surface de la circonférence :

Surface de la partie retranchée :

N° 18 commencé le .... ; achevé le.....

Temps employé pour la construction du n° 18 :

Note de 1 à 10 méritée pour la construction du n° 18 :

SIGNATURE

OBJET COMPLET

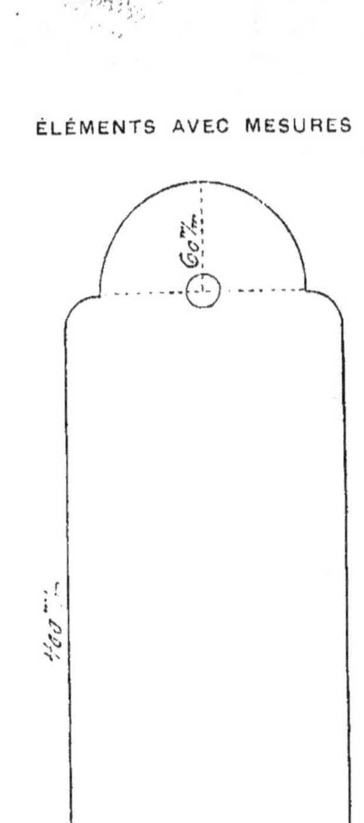

ÉLÉMENTS AVEC MESURES

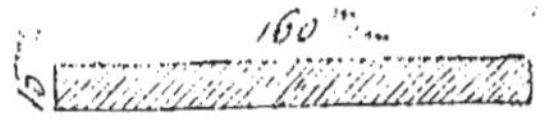

1/5ᵉ *de grandeur d'exécution.*

(Modèle de l'École de Nääs).

Planche à découper la viande.

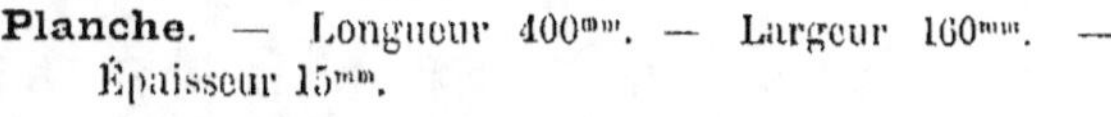

Planche. — Longueur 400ᵐᵐ. — Largeur 160ᵐᵐ. — Épaisseur 15ᵐᵐ.

Quart de rond, 20ᵐᵐ de rayon.

Ouverture, 5ᵐᵐ de rayon.

Bois employé.

Planche de hêtre de 18ᵐᵐ.

Prendre longueur de 420ᵐᵐ; largeur de 170ᵐᵐ.

Travail.

1. Dégauchir une face.
2. Dresser une rive d'équerre.
3. Trusquiner l'épaisseur.
4. Dégauchir la deuxième face.
5. Dessiner.
6. Réduire jusqu'au trait et chantourner.
7. Percer l'ouverture.
8. Polir.

Opérations.

Trouver le volume du demi-cylindre, abstraction faite de l'ouverture.

Diamètre de la circonférence :

Circonférence :

Rayon :

Surface de la circonférence :

Surface de la demi-circonférence :

Épaisseur :

Volume du demi-cylindre :

Claire-voie pour pot à fleurs.

Lattes. — Longueur 400ᵐᵐ. — Largeur 20ᵐᵐ. — Épaisseur 10 millim.

Pieds. — Longueur 110ᵐᵐ. — Hauteur 30ᵐᵐ. — Épaisseur 20 millim.

Bois employé.

Lattes. — *Feuillet de sapin de 12ᵐᵐ.*
   Prendre longueur de 420ᵐᵐ; largeur de 30ᵐᵐ.

Pieds. — *Planche de sapin de 24ᵐᵐ.*
   Prendre longueur de 240ᵐᵐ; largeur de 35ᵐᵐ.

Travail.

1. Dégauchir une face.
2. Dresser une rive d'équerre.
3. Trusquiner l'épaisseur.
4. Dégauchir la deuxième face.
5. Dessiner les lattes et les pieds, et exécuter.
   (Le premier pied peut servir de gabarit pour l'autre.)
6. Clouer et se servir du chasse-clous.
7. Polir.

Opérations.

Trouver le volume d'une latte :

   Longueur d'une latte :

   Largeur :

   Épaisseur :

   Volume d'une latte :

OBJET COMPLET

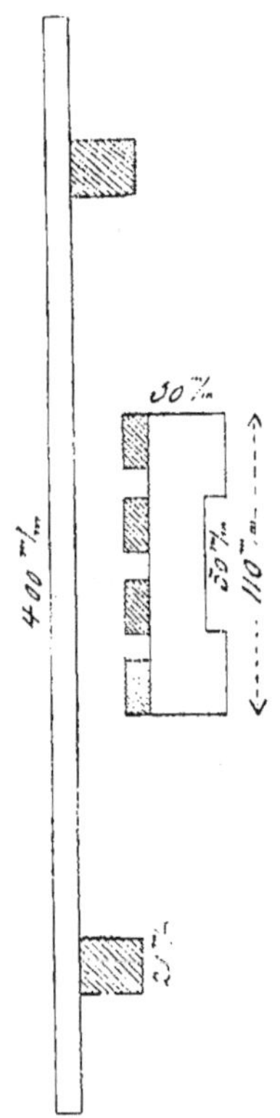

ÉLÉMENTS AVEC MESURES

1/4 de grandeur d'exécution.
(Modèle de l'École de Nääs).

N° 21

Petit van à manche.

Longueur 280ᵐᵐ. — Largeur 95ᵐᵐ. — Hauteur 15ᵐᵐ.

OBJET COMPLET

ÉLÉMENTS AVEC MESURES

Bois employé.

Bois *tendre* d'épaisseur d'au moins 50ᵐᵐ.

Prendre longueur de 310ᵐᵐ; largeur de 105ᵐᵐ.

Travail.

1. Dégauchir une face.
2. Dresser une rive d'équerre.
3. Trusquiner l'épaisseur.
4. Dégauchir la deuxième face.
5. Dessiner sur une face la projection du modèle.
6. Produire la cavité.
7. Dessiner sur une rive le profil du modèle.
8. Chantourner et régulariser.
9. Polir.

Opérations.

Trouver le volume du petit van au moyen du poids :

Poids du décimètre cube du bois employé :
Poids du van :
Volume du van :

1/3ᵉ de grandeur d'exécution.

(Modèle de l'École de Nääs).

N° 21 commencé le . . . . ; achevé le . . . .

Temps employé pour la confection du n° 21 : . . . .

Note de 1 à 10 méritée pour la confection du n° 21 : . . . .

SIGNATURE

Nom et Prénom......... ....

École...... ....

Cours......... ....; ......" Division

OBJET COMPLET

ELEMENTS AVEC MESURES

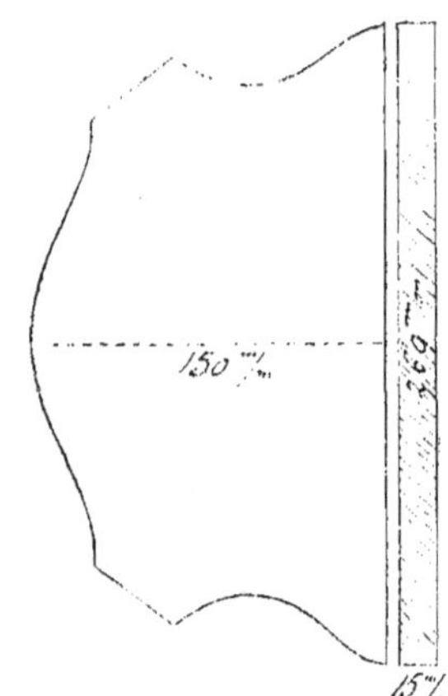

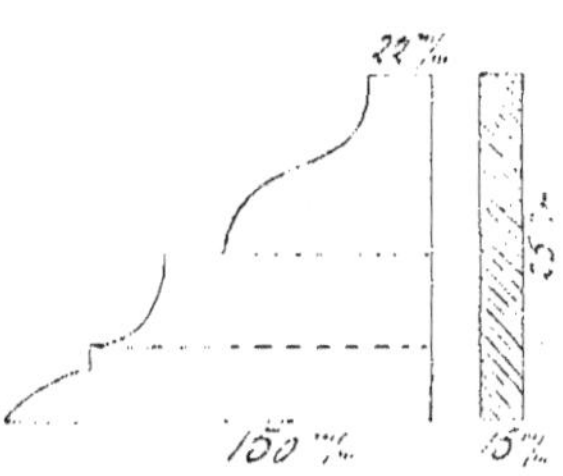

1/5° de grandeur d'exécution.

Console.

Tablette. — Longueur 260ᵐᵐ. — Largeur 150ᵐᵐ. — Épaisseur 15ᵐᵐ.

Support. — Longueur 150ᵐᵐ. — Largeur 115ᵐᵐ. — Épaisseur 15ᵐᵐ.

Bois employé.

Feuillet de hêtre de 18ᵐᵐ.
Prendre longueur de 400ᵐᵐ; largeur totale.

Travail.

1. Dégauchir une face.
2. Dresser une rive d'équerre.
3. Trusquiner l'épaisseur.
4. Dégauchir la deuxième face.
5. Dessiner les deux parties du modèle.
6. Réduire et chantourner.
7. Réunir au moyen de vis.
8. Polir.

Opérations.

Raccorder à un arc de cercle tracé dont le centre est connu, un autre arc de cercle passant par un point donné.

N° 23

Sébile pour bureau.

Longueur 90^{mm}. — Largeur 56^{mm}. — Hauteur 25^{mm}. — Profondeur de la cavité 15^{mm}.

Bois employé.

Planche de hêtre de 27^{mm}.

Prendre longueur de 140^{mm}; largeur de 65^{mm}.

Travail.

1. Dégauchir une face.
2. Dresser une rive d'équerre.
3. Trusquiner l'épaisseur.
4. Dégauchir la deuxième face.
5. Dessiner la grande ellipse au moyen d'un fil inextensible.
6. Tracer la petite ellipse à main levée.
7. Creuser la cavité.
8. Dessiner le profil et chantourner.
9. Polir.

Opérations.

Trouver la capacité à l'aide de poudre fine, mise de niveau dans la sébile et versée dans des mesures de capacité :

Capacité de la sébile :

____

OBJET COMPLET

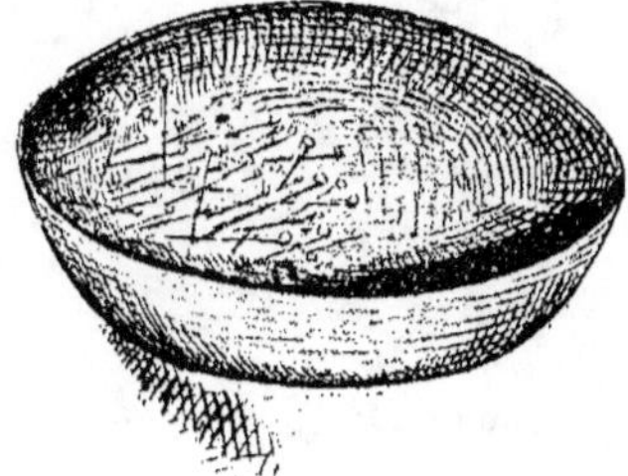

ELÉMENTS AVEC MESURES

27^m   56^{m/m}

15^{m/m}   90^{m/m}

1/2 Grandeur d'exécution.
(Modèle de l'École de Nääs).

Nom et Prénom ....

École ....

Cours .... ; ....ᵉ Division

OBJET COMPLET

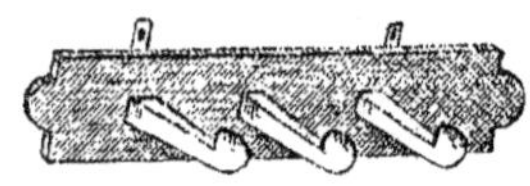

Portemanteaux.

Tablette. — Longueur 400ᵐᵐ. — Largeur 80ᵐᵐ. — Épaisseur 15ᵐᵐ.

Crochets. — Longueur 130ᵐᵐ. — Largeur 25ᵐᵐ. — Épaisseur 25ᵐᵐ.

Bois employé.

Tablette. — *Feuillet de hêtre* de 18ᵐᵐ.
Prendre 430ᵐᵐ de longueur; largeur de 90ᵐᵐ.

Crochets. — *Planche de hêtre* de 27ᵐᵐ.
Prendre longueur de 350ᵐᵐ; largeur de 90ᵐᵐ.

Travail.

Tablette. — 1. Dégauchir une face.

2. Dresser une rive d'équerre.

3. Trusquiner l'épaisseur.

4. Dégauchir la deuxième face.

5. Dessiner, réduire et chantourner.

6. Marquer l'emplacement des ouvertures.

7. Dessiner les mortaises et les exécuter.

8. Tracer le chanfrein à 8ᵐᵐ du bord.

Crochets. — 1. Dessiner les crochets et les exécuter.

2. Polir.

Opérations.

Partager une ligne en quatre parties égales.

ÉLÉMENTS AVEC MESURES

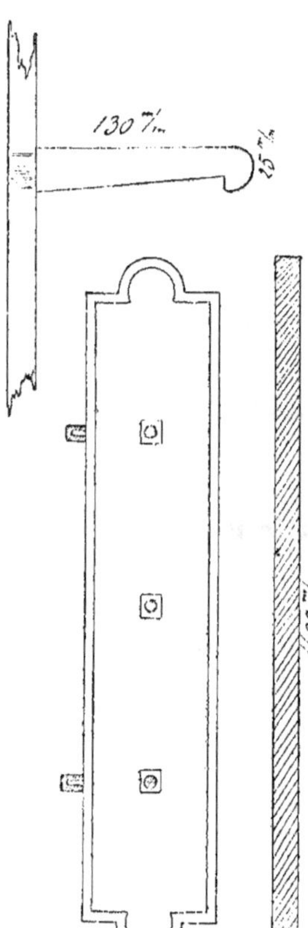

1/5ᵉ de grandeur d'exécution.
(Modèle de l'École de Nääs).

N° 24 commencé le .... ; achevé le ....

Temps employé pour la construction du n° 24 : ....

Note de 1 à 10 méritée pour la construction du n° 24 : ....

SIGNATURE

N° 25

Tabouret à claire-voie.

OBJET COMPLET

Lattes. — Longueur 270ᵐᵐ. — Largeur 25ᵐᵐ. — Épaisseur 10 millim.

Pieds. — Longueur 200ᵐᵐ. — Hauteur 80ᵐᵐ. — Épaisseur 20 millim.

Bois employé.

Lattes. — *Feuillet de sapin de 12ᵐᵐ.*
Prendre longueur de 300ᵐᵐ; largeur de 270ᵐᵐ.

Pieds. — *Planche de sapin de 24ᵐᵐ.*
Prendre longueur de 230ᵐᵐ; largeur de 170ᵐᵐ.

Travail.

Lattes. — 1. Dégauchir une face.

2. Dresser une rive d'équerre.

3. Trusquiner l'épaisseur et dégauchir la deuxième face.

4. Dresser un bout.

5. Dessiner les lattes et les couper.

6. Marquer la longueur et dresser les bouts.

Pieds. — 1. Dégauchir une face.

2. Dresser une rive d'équerre.

3. Dégauchir la deuxième face.

4. Dessiner, réduire jusqu'au trait et chantourner.
   (Le premier pied peut servir de gabarit au second.)

5. Clouer, se servir de chasse-clous et polir.

Opérations.

Trouver le volume des lattes du tabouret.

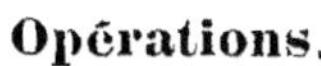

N° 25 commencé le .... ; achevé le ....

Temps employé pour la construction du n° 25 : ....

Note de 1 à 10 méritée pour la construction du n° 25 · ....

ÉLÉMENTS AVEC MESURES

25ᵐ/ₘ

270ᵐ/ₘ

26ᵐ/ₘ

80ᵐ/ₘ

200ᵐ/ₘ

1/5 *de grandeur d'exécution.*
(Modèle de l'École de Nääs).

Nom et Prénom.

École

Cours : Division

OBJET COMPLET

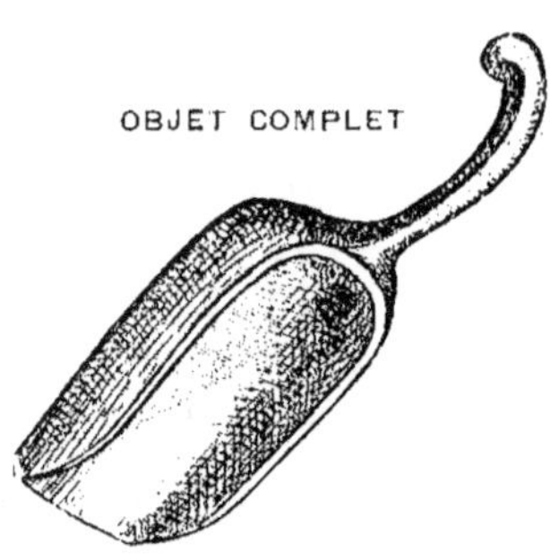

ÉLÉMENTS AVEC MESURES

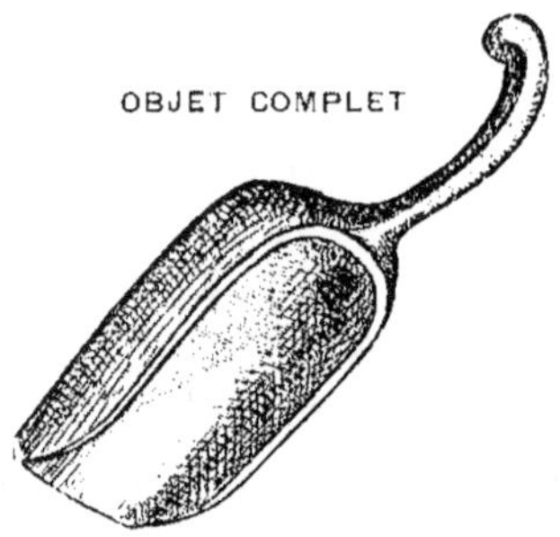

1/3 *de grandeur d'exécution.*
(Modèle de l'École de Nääs).

Écope pour grains.

Longueur 240mm. — Largeur 70mm. — Hauteur 60mm.

Bois employé.

Bois tendre en bûche ou madrier de sapin de 78mm.
Prendre longueur de 300mm; largeur de 85mm.

Travail.

1. Dégauchir une face.
2. Dresser une rive d'équerre.
3. Trusquiner l'épaisseur.
4. Dégauchir la deuxième face.
5. Dessiner sur une face la projection du modèle.
6. Produire la cavité.
7. Chantourner.
8. Tracer le profil sur un côté.
9. Exécuter.
10. Polir.

Opérations.

Trouver le volume de l'écope au moyen du poids :

Poids du décimètre cube du bois employé :
Poids de l'écope :
Volume de l'écope :

N° 26 commencé le ; achevé le

Temps employé pour la confection du n° 26 :

Note de 1 à 10 méritée pour la confection du n° 26 :

SIGNATURE

Nom et Prénom ......

École ......

Cours ...... ; ...... Division

OBJET COMPLET

ÉLÉMENTS AVEC MESURES

70 m/m

110 m/m

130 m/m

230 m/m

230 m/m

3/10 de grandeur d'exécution.

5

10 m/m

70 m/m

(Modèle de l'École de Nääs).

Petite caisse.

Grands côtés. — Longueur 230mm. — Hauteur 70mm. — Épaisseur 10mm.

Petits côtés. — Longueur 110mm. — Hauteur 70mm. — Épaisseur 10mm.

Fond. — Longueur 230mm. — Largeur 130mm. — Épaisseur 5 millim.

Bois employé.

Côtés. — *Feuillet de hêtre* de 13mm.
   Prendre longueur de 380mm; largeur totale.

Fond. — *Feuillet de hêtre* de 6mm.
   Prendre longueur de 250mm; largeur totale.

Travail.

1. Dégauchir une face.
2. Dresser une rive d'équerre.
3. Trusquiner l'épaisseur.
4. Dégauchir la deuxième face.
5. Dessiner.
6. Séparer.
7. Unir les bords.
8. Clouer et employer le chasse-clous.
9. Polir.

Opérations.

Trouver la capacité de la caisse :
   Longueur intérieure :
   Largeur   :
   Profondeur   :
   Capacité de la caisse :

___

N° 27 commencé le ...... ; achevé le ......

Temps employé pour la construction du n° 27 : ......

Note de 1 à 10 méritée pour la construction du n° 27 : ......

SIGNATURE

OBJET COMPLET

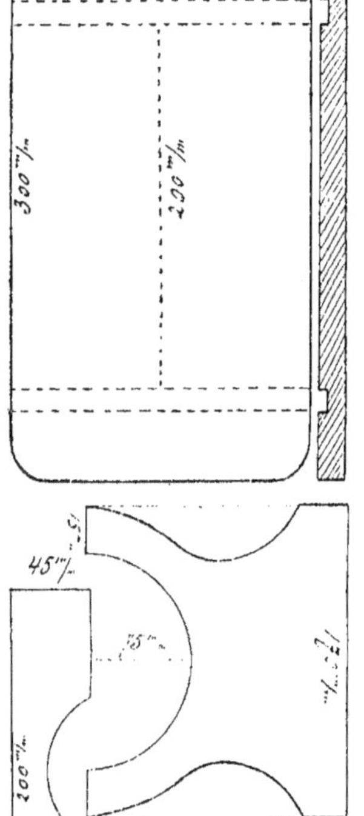

ÉLÉMENTS AVEC MESURES

Petit banc assemblé.

Dessus. — Longueur 300ᵐᵐ. — Largeur 170ᵐᵐ. — Épaisseur 15 millim.

Pieds. — Hauteur 150ᵐᵐ. — Largeur 170ᵐᵐ. — Épaisseur 15 millim.

Traverse. — Hauteur 45ᵐᵐ. — Longueur 200ᵐᵐ. — Épaisseur 15ᵐᵐ. — Profondeur de la rainure 8ᵐᵐ.

Bois employé.

Feuillet de hêtre de 18ᵐᵐ.

Prendre longueur de 310ᵐᵐ ; largeur totale (2 planchettes).

Travail.

1. Dégauchir une face.
2. Dresser une rive d'équerre.
3. Trusquiner l'épaisseur.
4. Dégauchir la deuxième face.
5. Dessiner.
6. Séparer.
7. Unir les bords.
8. Chantourner.
9. Tracer la rainure.
10. Exécuter.
11. Assembler.
12. Polir.

Opérations.

Raccorder un arc à un autre.

N° 28 commencé le .... ; achevé le ....

Temps employé pour la construction du n° 28 : ....

1/3ᵉ *de grandeur d'exécution.* Note de 1 à 10 méritée pour la construction du n° 28 : ....

SIGNATURE

N° 29

Porte-journaux.

Planchette A. — Longueur 215^{mm}. — Hauteur 165^{mm}. — Épaisseur 5^{mm}.

Planchette B. — Longueur 215^{mm}. — Hauteur 90^{mm}. — Épaisseur 5^{mm}.

Pieds. — Largeur 120^{mm}. — Hauteur 55^{mm}. — Épaisseur 5^{mm}.

Fond. — Longueur 245^{mm}. — Largeur 48^{mm}. — Épaisseur 5^{mm}.

Bois employé.

Feuillet de hêtre de 6^{mm}.

Prendre longueur de 255^{mm}; largeur totale (2 planchettes).

Travail.

1. Dégauchir une face.
2. Dresser une rive d'équerre.
3. Trusquiner l'épaisseur.
4. Dégauchir la deuxième face.
5. Dessiner.
6. Séparer.
7. Unir les bords.
8. Chantourner.
9. Assembler.
10. Polir.

Opérations.

Trouver la surface du fond à l'intérieur.
Surface du fond ;

N° 29 commencé le.................. ; achevé le.........

Temps employé pour la construction du n° 29 : ......

Note de 1 à 10 méritée pour la construction du n° 29 : ......

OBJET COMPLET

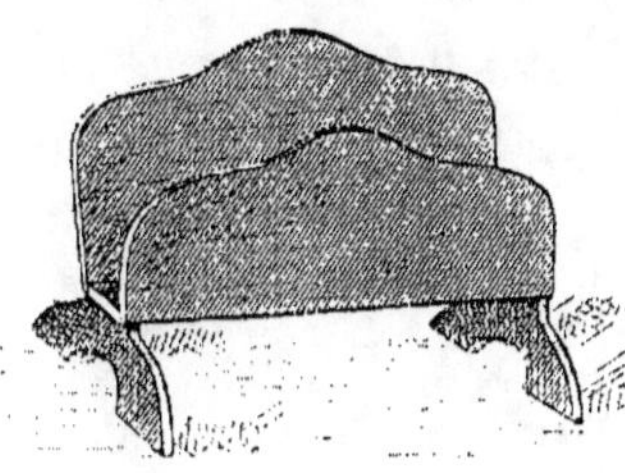

ELÉMENTS AVEC MESURES

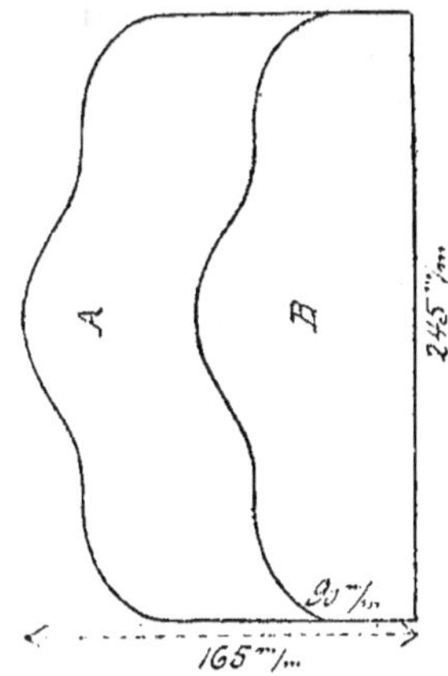

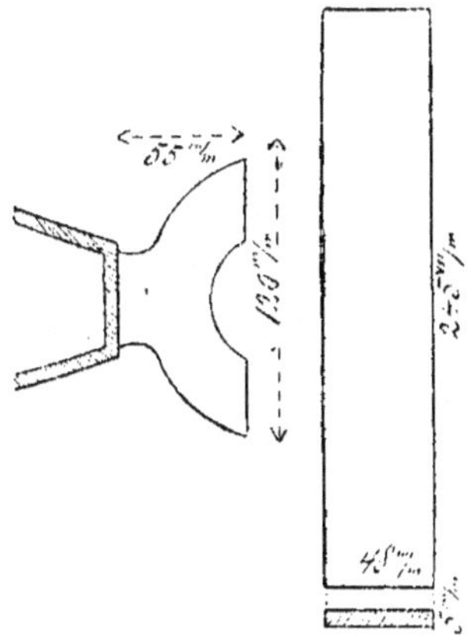

1/5e de grandeur d'exécution.

Cours................... : ...." Division

Boîte pour cuillères et fourchettes.

OBJET COMPLET

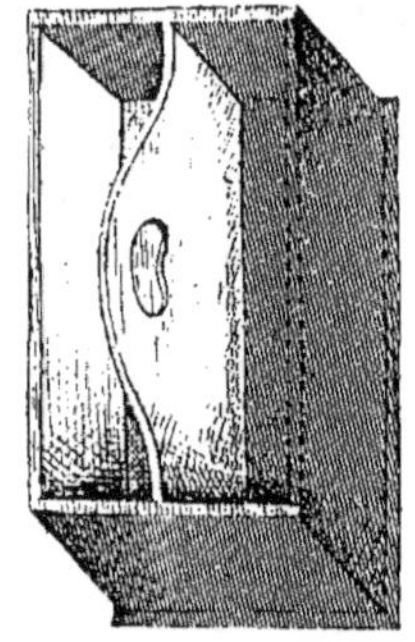

Grands côtés. — Longueur 300ᵐᵐ. — Hauteur 55ᵐᵐ. — Épaisseur 10ᵐᵐ.

Petits côtés. — Longueur 175ᵐᵐ. — Hauteur 55ᵐᵐ. — Épaisseur 10ᵐᵐ.

Fond. — Longueur 315ᵐᵐ. — Largeur 190ᵐᵐ. — Épaisseur 7 millim.

Séparation avec poignée. — Longueur 290ᵐᵐ. — Hauteur 96ᵐᵐ. — Épaisseur 10ᵐᵐ.

Dimensions de l'entaille. — Longueur 45ᵐᵐ. — Largeur 10ᵐᵐ. — Profondeur 5ᵐᵐ.

(A partir de l'extrémité inférieure.)

Bois employé.

Feuillet de peuplier de 13ᵐᵐ.

Grands côtés. — Prendre longueur de 320ᵐᵐ; largeur totale.

Petits côtés. — Prendre longueur de 195ᵐᵐ; largeur totale.

Séparation. — Prendre longueur de 310ᵐᵐ; largeur de 100ᵐᵐ.

Feuillet de peuplier de 10ᵐᵐ.

Fond. — Prendre longueur de 310ᵐᵐ; largeur totale.

Travail.

1. Dégauchir une face.
2. Dresser une rive d'équerre.
3. Trusquiner l'épaisseur.
4. Dégauchir la deuxième face.
5. Dessiner.
6. Séparer.
7. Unir les bords.
8. Chantourner.
9. Tracer l'entaille et l'exécuter.
10. Trusquiner l'assemblage.
11. Dessiner tenons et mortaises.
12. Exécuter.
13. Assembler.
14. Tracer le quart de rond du fond.
15. Exécuter, clouer et se servir du chasse-clous.
16. Polir.

Opérations.

Trouver la capacité de la boîte.

ÉLÉMENTS AVEC MESURES

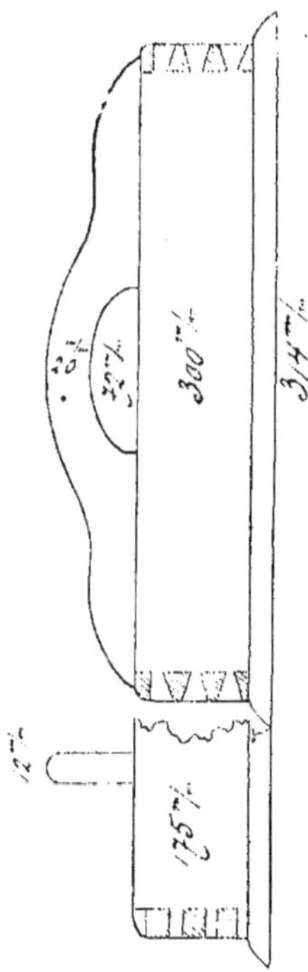

1/5ᵉ de grandeur d'exécution.

(Modèle de l'École de Nääs).

Nº 37 commencé le .... ; achevé le.......... .

Temps employé pour la construction du nᵒ 37 : ....

Note de 1 à 10 méritée pour la construction du nᵒ 37 :

SIGNATURE

OBJET COMPLET

ÉLÉMENTS AVEC MESURES

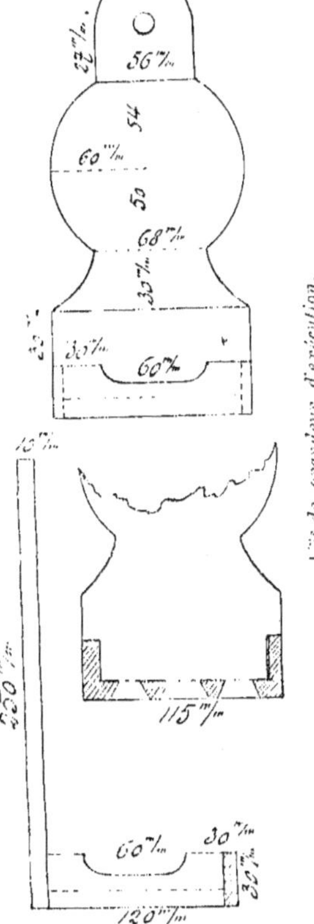

(Modèle de l'École de Nääs).

N° 38

Support pour lampe.

Applique. — Hauteur 250ᵐᵐ. — Largeur 120ᵐᵐ. — Épaisseur 10ᵐᵐ.

Fond. — Longueur 115ᵐᵐ. — Largeur 110ᵐᵐ. — Épaisseur 10 millim.

Côtés latéraux. — Longueur 115ᵐᵐ. — Hauteur 30ᵐᵐ. — Épaisseur 5ᵐᵐ.

Côtés antérieurs. — Longueur 120ᵐᵐ. — Hauteur 30ᵐᵐ. — Épaisseur 5ᵐᵐ.

Bois employé.

Applique et fond. — *Feuillet de hêtre* de 13ᵐᵐ.
Prendre longueur de 400ᵐᵐ; largeur de 130ᵐᵐ.

Côtés. — *Feuillet de hêtre* de 6ᵐᵐ.
Prendre longueur de 130ᵐᵐ; largeur de 100ᵐᵐ.

Travail.

1. Dégauchir une face.
2. Dresser une rive d'équerre.
3. Trusquiner l'épaisseur.
4. Dégauchir la deuxième face.
5. Dessiner.
6. Séparer, unir les bords.
7. Chantourner.
8. Tracer les tenons et mortaises et les exécuter.
9. Assembler.
10. Clouer et se servir du chasse-clous.
11. Polir.

Opérations.

Trouver la surface du demi-cylindre supérieur.

N° 38 commencé le ...... ; achevé le ......

Temps employé pour la construction du n° 38 : ...

Note de 1 à 10 méritée pour la construction du n° 38 : ...

Nom et Prénom..........

École..........

Cours   ;   ᵉ Division

OBJET COMPLET

Cadre à double compartiment.

Montants. — Longueur 210ᵐᵐ. — Largeur 35ᵐᵐ. — Épaisseur 10ᵐᵐ.

Traverses. — Longueur 125ᵐᵐ. — Largeur 65ᵐᵐ. — Épaisseur 10ᵐᵐ.

Feuillure. — Profondeur 6ᵐᵐ. — Largeur 6ᵐᵐ.

Mortaises. — Épaisseur 5ᵐᵐ.

Bois employé.

Feuillet de peuplier de 13ᵐᵐ.

Prendre longueur de 300ᵐᵐ; largeur totale (deux planchettes).

Travail.

1. Dégauchir une face.
2. Dresser une rive d'équerre.
3. Trusquiner l'épaisseur.
4. Dégauchir la deuxième face.
5. Dessiner.
6. Séparer.
7. Unir les bords.
8. Tracer la feuillure.
9. Dessiner l'assemblage.
10. Exécuter.
11. Chantourner la partie supérieure.
12. Polir.

Opérations.

Trouver la surface de l'ouverture rectangulaire.

....

N° 39 commencé le.................. ; achevé le..........

Temps employé pour la construction du n° 39 :..........

Note de 1 à 10 méritée pour la construction du n° 39 :..........

SIGNATURE

ÉLÉMENTS AVEC MESURES

265 ᵐ/ₘ

125 ᵐ/ₘ

65 ᵐ/ₘ

3/20ᵉ de grandeur d'exécution.

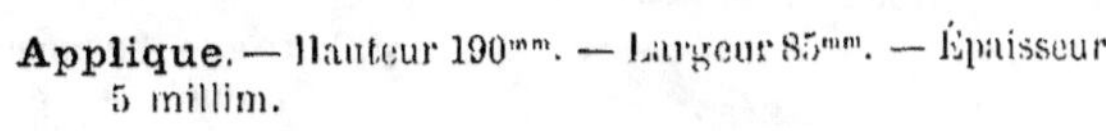

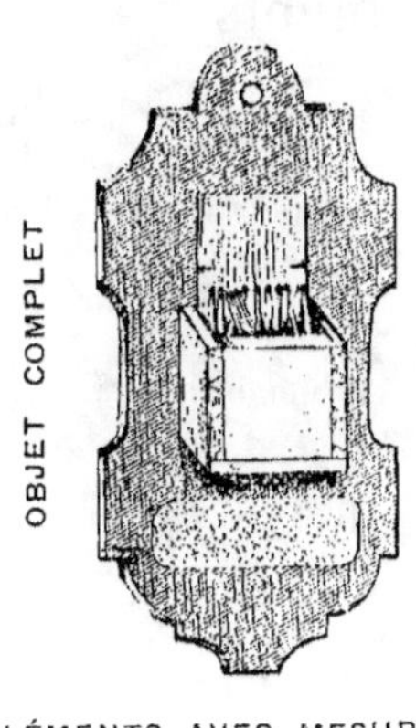

OBJET COMPLET

ÉLÉMENTS AVEC MESURES

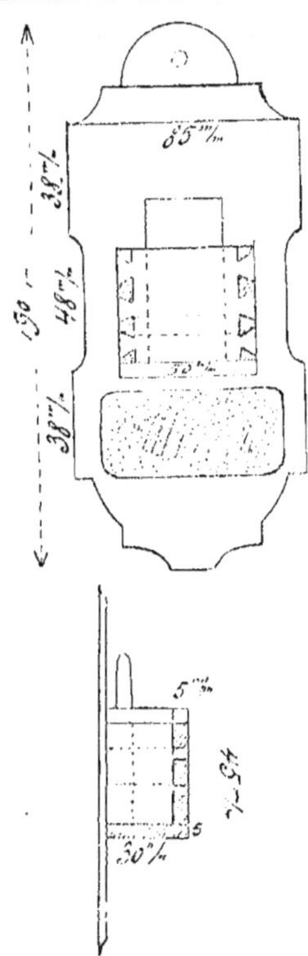

3/10ᵉ de grandeur d'exécution.
(Modèle de l'École de Nääs).

N° 40

Porte-allumettes.

Applique. — Hauteur 190ᵐᵐ. — Largeur 85ᵐᵐ. — Épaisseur 5 millim.

Boîte. — Longueur 50. — Largeur 30ᵐᵐ. — Épaisseur 5ᵐᵐ. — Hauteur 45ᵐᵐ.

Bois employé.

Feuillet de hêtre de 6ᵐᵐ.
Prendre longueur de 200ᵐᵐ ; largeur totale.

Travail.

1. Préparer la planchette à l'épaisseur voulue.
2. Dessiner.
3. Séparer.
4. Unir les bords.
5. Tracer tenons et mortaises.
6. Exécuter.
7. Assembler.
8. Polir.

Opérations.

Trouver le nombre d'allumettes prismatiques à base carrée de 2ᵐᵐ de côté que l'on pourrait placer dans la boîte.

N° 40 commencé le .... ; achevé le ....

Temps employé pour la construction du n° 40 : ....

Note de 1 à 10 méritée pour la construction du n° 40 : ....

SIGNATURE

Nom et Prénom..

École ....

Cours .... ; ....ᵉ Division

OBJET COMPLET

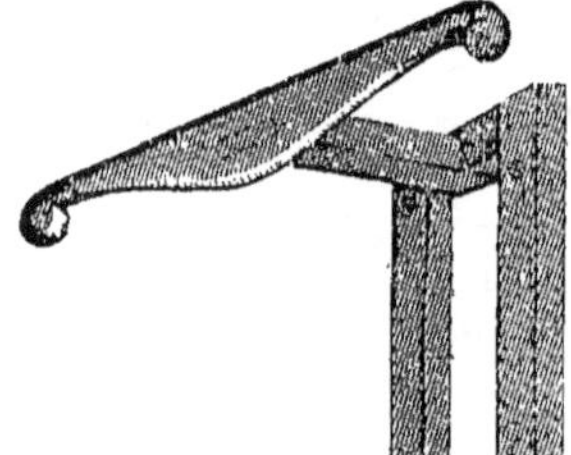

ÉLÉMENTS AVEC MESURES

1/5ᵉ de grandeur d'exécution.

Suspension pour brosser les vêtements.

Applique. — Longueur 190ᵐᵐ. — Largeur 60ᵐᵐ. — Épaisseur 35 millim.

Bras. — Longueur 210ᵐᵐ. — Largeur 25ᵐᵐ. — Épaisseur 20 millim.

Traverse. — Longueur 320ᵐᵐ. — Largeur 72ᵐᵐ. — Épaisseur 20ᵐᵐ.

Entaille. — Largeur 25ᵐᵐ. — Profondeur 20ᵐᵐ.

Bois employé.

Applique. — *Hêtre*, épaisseur de 40ᵐᵐ.
Prendre longueur de 200ᵐᵐ ; largeur de 70ᵐᵐ.

Bras et traverse. — *Planche de hêtre* de 27ᵐᵐ.
Prendre longueur de 330ᵐᵐ ; largeur de 80ᵐᵐ.

Travail.

1. Préparer le bois à l'épaisseur voulue.
2. Dessiner.
3. Séparer.
4. Unir les bords.
5. Chantourner.
6. Tracer la rainure.
7. Exécuter.
8. Faire l'entaille.
9. Dessiner mortaise et tenon.
10. Exécuter.
11. Assembler.
12. Coller et polir.

Opérations.

Trouver la capacité de la rainure.

N° 41 commencé le..................... ; achevé le.....................

Temps employé pour la construction du n° 41 : ....

Note de 1 à 10 méritée pour la construction du n° 41 : ....

SIGNATURE

Nom et Prénom ....

École ....

Cours.................... : ....° Division

Boîte pour porte-plumes et crayons.

Grands côtés. — Longueur 240^{mm}. — Hauteur 45^{mm}. — Épaisseur 10^{mm}.

Petits côtés. — Longueur 70^{mm}. — Hauteur 45^{mm}. — Épaisseur 10^{mm}.

Fond. — Longueur 240^{mm}. — Hauteur 70^{mm}. — Épaisseur 5 millim.

Couvercle. — Longueur 235^{mm}. — Largeur 60^{mm}. — Épaisseur 10^{mm}.

Rainure. - - Profondeur 5^{mm}.

Bois employé.

Côtés et couvercle. — *Feuillet de hêtre de 13^{mm}.*
Prendre longueur de 250^{mm}; largeur totale.

Fond. — *Feuillet de hêtre de 6^{mm}.*
Prendre longueur de 250^{mm}; largeur de 75^{mm}.

Travail.

1. Préparer le bois à l'épaisseur voulue.
2. Dessiner.
3. Séparer.
4. Unir les bords.
5. Tracer la rainure.
6. Exécuter.
7. Coller le fond et fixer avec des pointes.
8. Polir.

Opérations.

Trouver la capacité de la boîte.

N° 42 commencé le .... ; achevé le .....

Temps employé pour la construction du n° 42 : ...

Note de 1 à 10 méritée pour la construction du n° 42 : ......

SIGNATURE

OBJET COMPLET

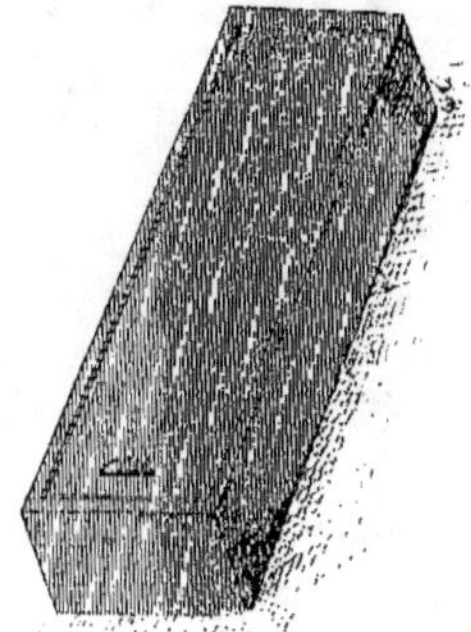

ÉLÉMENTS AVEC MESURES

3/10e de grandeur d'exécution.
(Modèle de l'École de Nääs).

Chevalet pour dessin.

OBJET

COMPLET

	Longueur	Largeur	Épaisseur
Montants extérieurs..............	330ᵐᵐ	15ᵐᵐ	10ᵐᵐ
Montant du milieu................	320	15	10
Montant mobile..................	300	15	10
Traverse supérieure.............	95	15	10
Traverse inférieure..............	162	15	10
Planchette postérieure de la boîte.	170	45	5
Planchette antérieure de la boîte..	170	15	5
Fond de la boîte.................	170	25	5

Bois employé.

Montants et traverses. — *Feuillet de hêtre* de 13ᵐᵐ.
   Prendre longueur de 340ᵐᵐ; largeur de 60ᵐᵐ
   (2 planchettes).

Boîte. — *Feuillet de hêtre* de 6ᵐᵐ.
   Prendre longueur de 180ᵐᵐ; largeur de 80ᵐᵐ.

Travail.

1. Préparer le bois à l'épaisseur voulue.

2. Dessiner.

3. Séparer.

4. Unir les bords.

5. Assembler.

6. Adapter le montant mobile.

7. Polir.

Opérations.

Calculer à quelle distance de la traverse supérieure
se rencontreraient les deux montants extérieurs.

ÉLÉMENTS AVEC MESURES

1/5ᵉ *de grandeur d'exécution.*

OBJET COMPLET

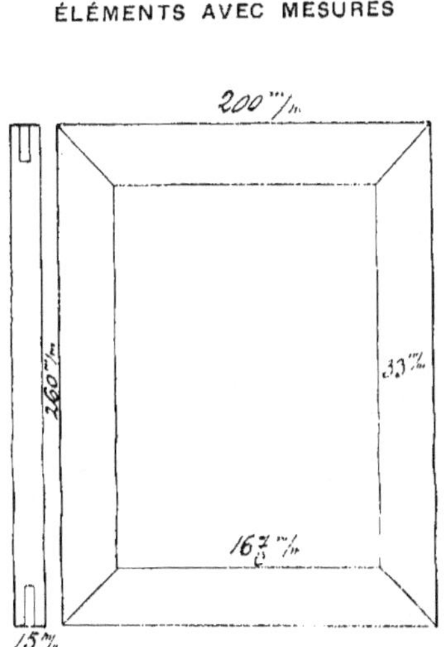

ÉLÉMENTS AVEC MESURES

1/5ᵉ de grandeur d'exécution.

Nº 44

Cadre.

Hauteur 260ᵐᵐ. — Largeur 200ᵐᵐ. — Largeur du bois 33ᵐᵐ. Épaisseur 15ᵐᵐ.

Bois employé.

Feuillet de hêtre de 18ᵐᵐ.

Prendre longueur de 480ᵐᵐ; largeur de 80ᵐᵐ.

Travail.

1. Préparer le bois à l'épaisseur voulue.
2. Dessiner.
3. Séparer.
4. Unir les bords.
5. Tracer la feuillure.
6. Exécuter.
7. Dessiner.
8. Assemblage et exécuter.
9. Assembler.
10. Polir.

Opérations.

Trouver la surface de l'ouverture rectangulaire.

Nº 44 commencé le..................... ; achevé le.....................

Temps employé pour la construction du nº 44 : ....

Note de 1 à 10 méritée pour la construction du nº 44 : ....

SIGNATURE

OBJET COMPLET

ÉLÉMENTS AVEC MESURES

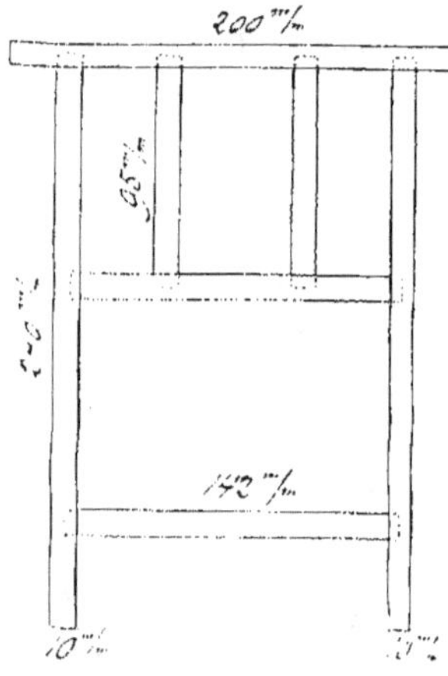

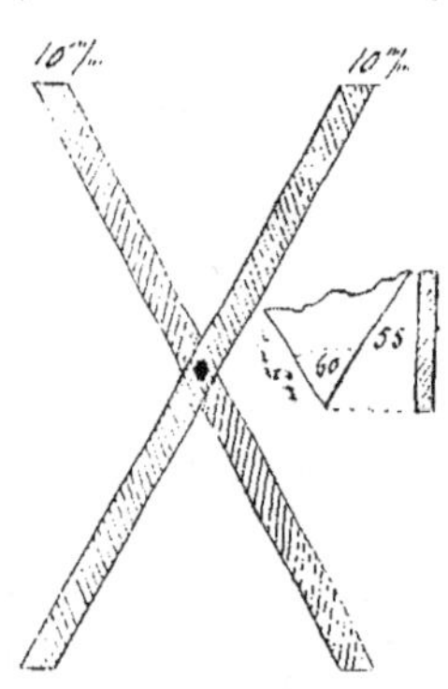

1/3ᵉ de grandeur d'exécution.

N° 45

Porte-gravures.

Traverse supérieure. — Longueur 200ᵐᵐ. — Largeur 10ᵐᵐ. — Épaisseur 10ᵐᵐ.

Traverse intermédiaire. — Longueur 142ᵐᵐ plus tenon. — Largeur 10ᵐᵐ. — Épaisseur 10ᵐᵐ.

Traverse inférieure. — Longueur 142 plus tenon. — Largeur 10ᵐᵐ. — Épaisseur 10ᵐᵐ.

Montants extérieurs. — Hauteur 210ᵐᵐ plus tenon. — Largeur 10ᵐᵐ. — Épaisseur 10ᵐᵐ.

Montants intérieurs. — Hauteur 95ᵐᵐ plus tenon. — Largeur 7ᵐᵐ. — Épaisseur 5ᵐ.

Pièce angulaire. — Angle 60ᵐᵐ. — Côtés 45ᵐᵐ et 41ᵐᵐ. — Épaisseur 5ᵐᵐ.

Planchette du fond.

Bois employé.

Traverses et montants extérieurs. — *Feuillet de hêtre de 13ᵐᵐ.*

Prendre longueur de 300ᵐᵐ; largeur totale.

Montants intérieurs, pièce angulaire et planchette du fond. — *Feuillet de hêtre de 6ᵐᵐ.*

Prendre longueur de 160ᵐᵐ; largeur de 100ᵐᵐ.

Travail.

1. Préparer le bois à l'épaisseur voulue.
2. Dessiner.
3. Séparer.
4. Unir les bords.
5. Tracer mortaises et tenons.
6. Exécuter.
7. Assembler.
8. Faire pièce angulaire.
9. Polir.

Opérations.

Partager une ligne droite en trois parties égales.

N° 46

OBJET COMPLET

ÉLÉMENTS AVEC MESURES

Trusquin.

Tige. — Longueur 300ᵐᵐ. — Largeur 20ᵐᵐ. — Épaisseur 20 millim.

Conducteur. — Longueur 85ᵐᵐ. — Largeur 85ᵐᵐ. — Épaisseur 20ᵐᵐ.

Clef. — Longueur 130ᵐᵐ. — Largeur supérieure 20ᵐᵐ. — Largeur inférieure 10ᵐᵐ. — Épaisseur 6ᵐᵐ.

Bois employé.

Tige. — *Planche de hêtre* de 27ᵐᵐ.
   Prendre longueur de 320ᵐᵐ; largeur de 25ᵐᵐ.

Conducteur. — Longueur de 95ᵐᵐ; largeur de 95ᵐᵐ.

Clef. — Hêtre amené à 6ᵐᵐ.
   Prendre longueur de 150ᵐᵐ; largeur de 25ᵐᵐ.

Travail.

1. Préparer le bois à l'épaisseur voulue.
2. Dessiner.
3. Séparer.
4. Unir les bords.
5. Tracer la mortaise aux bouts et sur une face.
6. Ajuster.
7. Polir.

Opérations.

Trouver le volume de la tige.

N° 46 commencé le .... ; achevé le ....

Temps employé pour la construction du n° 46 : ....

Note de 1 à 10 méritée pour la construction du n° 46 : ....

(Modèle de l'École de Nääs).

Nom et Prénom ....

École ....

Cours........... : ° Division

OBJET COMPLET

ÉLÉMENTS AVEC MESURES

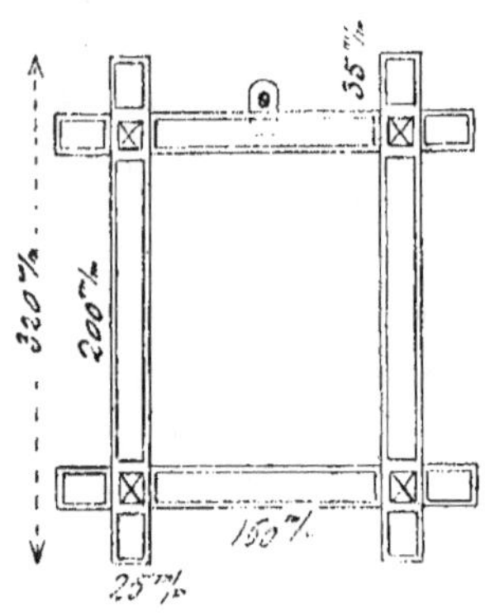

1/8ᵉ *de grandeur d'exécution.*
(Modèle de l'École de Nääs).

Cadre avec pointe diamant.

Hauteur totale 320ᵐᵐ. — Largeur totale 280ᵐᵐ. — Largeur du bois 26ᵐᵐ. — Épaisseur 10ᵐᵐ.

Espace intérieur. — Hauteur 200ᵐᵐ. — Largeur 160ᵐᵐ.

Bois dépassant le cadre. — Longueur 35ᵐᵐ.

Bois employé.

Feuillet de hêtre de 13ᵐᵐ.

Prendre longueur de 330ᵐᵐ; largeur de 125ᵐᵐ.

Travail.

1. Préparer le bois à l'épaisseur voulue.
2. Dessiner.
3. Séparer; unir les bords.
4. Tracer les entailles à mi-bois.
5. Exécuter.
6. Dessiner les rectangles destinés à être creusés.
7. Exécuter.
8. Tracer partie prismatique.
9. Exécuter.
10. Assembler et polir.

Opérations.

Trouver la surface de l'ouverture rectangulaire.

N° 47 commencé le .... ; achevé le ....

Temps employé pour la construction du n° 47 : ....

Note de 1 à 10 méritée pour la construction du n° 47 : ....

SIGNATURE

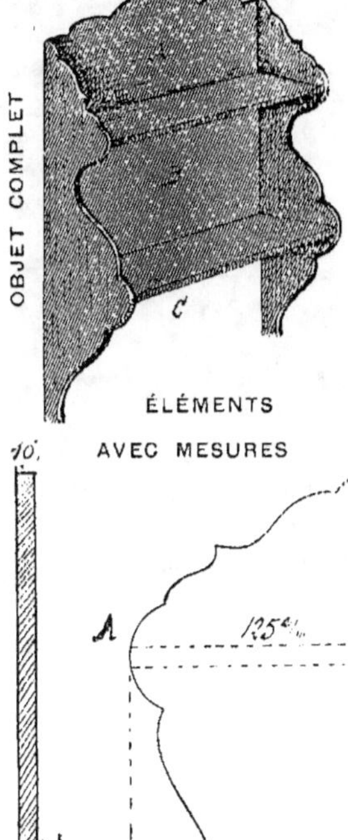

Étagère.

Montants. — Hauteur 450ᵐᵐ. — Grande largeur 160ᵐᵐ. — Petite largeur 125ᵐᵐ. — Épaisseur 10ᵐᵐ.

Tablette A. — Longueur 390ᵐᵐ. — Largeur du milieu 190ᵐᵐ. — Larg. des extrémités 160ᵐᵐ. — Épaisseur 10ᵐᵐ.

Tablette B. — Longueur 390ᵐᵐ. — Largeur du milieu 155ᵐᵐ. — Largeur des extrémités 125ᵐᵐ. — Épaisseur 10ᵐᵐ.

Rainure. — Profondeur 5ᵐᵐ.

Bois employé.

Feuillet de hêtre de 13ᵐᵐ.

Montants. — Prendre deux longueurs de 470ᵐᵐ; largeur de 170ᵐᵐ.

Tablette A. — Longueur de 420ᵐᵐ; largeur de 185ᵐᵐ.

Tablette B. — Longueur de 420ᵐᵐ; largeur de 155ᵐᵐ.

Travail.

1. Préparer le bois à l'épaisseur voulue.
2. Dessiner.
3. Séparer.
4. Unir les bords.
5. Chantourner.
6. Tracer rainures et exécuter.

   (On peut joindre les deux montants pour les chantourner en même temps.)

7. Assembler.
8. Polir.

Opérations.

Raccorder un arc de cercle dont le centre est connu avec un autre arc de cercle passant par un point donné.

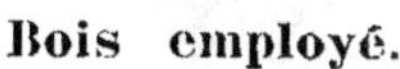

Nom et Prénom..

École ....

Cours ....; ....ᵉ Division

Tabouret à pieds obliques.

Hauteur totale 250ᵐᵐ. — Longueur 420ᵐᵐ. Largeur totale 205 millim.

Côtés. — Longueur 420ᵐᵐ. — Hauteur 110ᵐᵐ. — Épaisseur 10 millim.

Pieds. — Longueur 250ᵐᵐ. — Largeur 185ᵐᵐ. — Épaisseur 20 millim.

Dessus. — Longueur 420ᵐᵐ. — Largeur 185ᵐᵐ. — Épaisseur 15 millim.

OBJET COMPLET

Bois employé.

Côtés. — *Feuillet de hêtre de* 13ᵐᵐ.
Prendre longueur de 440ᵐᵐ; largeur totale.

Pieds. — *Planche de hêtre de* 27ᵐᵐ.
Prendre longueur de 270ᵐᵐ; largeur totale.

Dessus. — *Feuillet de hêtre de* 18ᵐᵐ.
Prendre longueur de 440ᵐᵐ; largeur totale.

ÉLÉMENTS AVEC MESURES

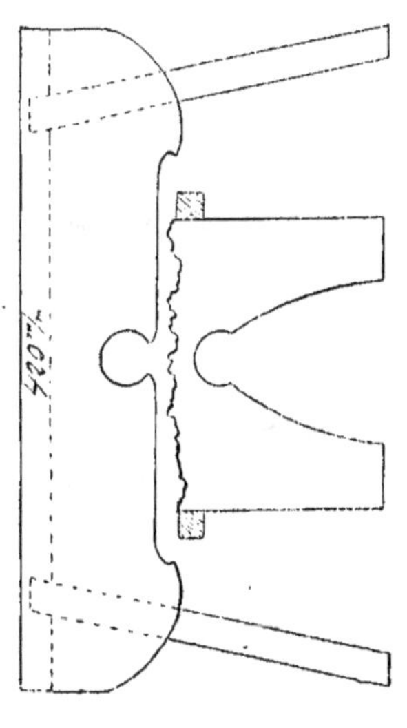

Travail.

1. Préparer le bois à l'épaisseur voulue.
2. Dessiner.
3. Séparer.
4. Unir les bords.
5. Chantourner.
6. Tracer rainures et exécuter.
7. Assembler.
    (Le pied ou le côté peuvent servir de gabarit pour le deuxième modèle.)
8. Polir.

Opérations.

Avec une ligne droite raccorder un arc de cercle passant par un point donné.

250 ᵐ/ₘ

3/20ᵉ de grandeur d'exécution.
(Modèle de l'École de Nääs).

N° 49 commencé le........................; achevé le ....

Temps employé pour la construction du n° 49 : ....

Note de 1 à 10 méritée pour la construction du n° 49 : ....

SIGNATURE

OBJET COMPLET

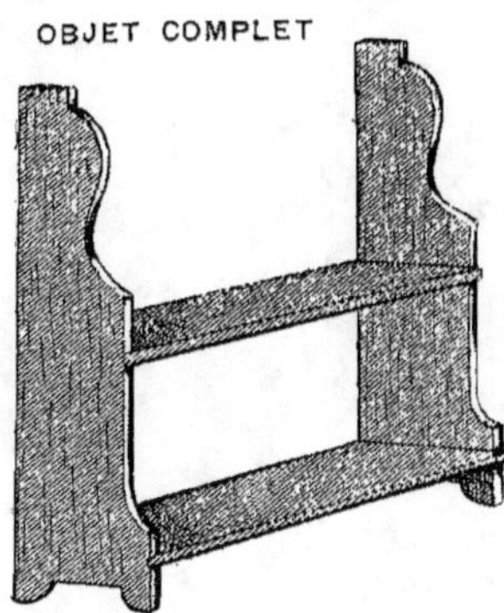

ÉLÉMENTS AVEC MESURES

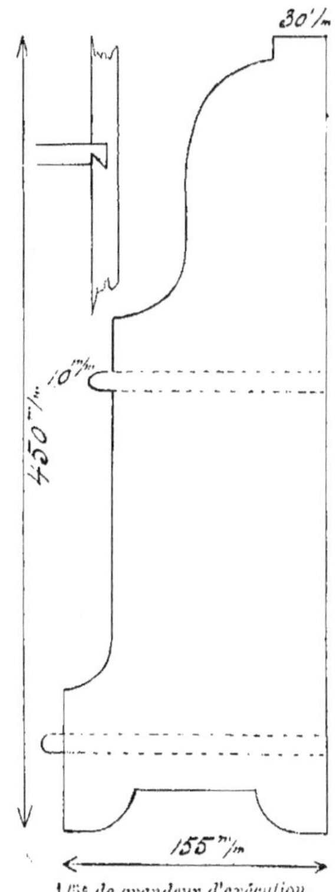

1/5ᵉ de grandeur d'exécution.
(Modèle de l'École de Nääs).

N° 50

Étagère.

Montants. — Hauteur 150ᵐᵐ. — Grande largeur 155ᵐᵐ. — Petite largeur 126ᵐᵐ. — Épaisseur 15.

Tablette A. — Longueur 400ᵐᵐ. — Largeur 158ᵐᵐ. — Épaisseur 10ᵐᵐ.

Tablette B. — Longueur 400ᵐᵐ. — Largeur 130ᵐᵐ. — Épaisseur 10ᵐᵐ.

Bois employé.

Montants. — *Feuillet de hêtre* de 18ᵐᵐ.
Prendre longueur de 470ᵐᵐ; largeur de 165ᵐᵐ.

Tablette A. — *Feuillet de hêtre* de 13ᵐᵐ.
Prendre longueur de 420ᵐᵐ; largeur de 165ᵐᵐ.

Tablette B.
Prendre longueur de 420ᵐᵐ; largeur de 140ᵐᵐ.

Travail.

1. Préparer le bois à l'épaisseur voulue.
2. Dessiner.
3. Séparer.
4. Unir les bords.
5. Chantourner.
6. Tracer rainures et exécuter.
   (On peut joindre les deux montants pour les chantourner en même temps.)
7. Assembler.
8. Polir.

Opérations.

Tracer aux extrémités d'une droite deux arcs égaux tournés en sens inverse et d'un rayon déterminé.

TABLE DES MATIÈRES

Paris. — Imp. E. Capiomont et Cie, rue de Seine, 57.

241